FEEDBACK
para Resultados na Gestão por Competências pela Avaliação 360°

Guia Prático para Gestores do "Dar e Receber" Feedback e a Transformação em Resultados

Rogerio Leme

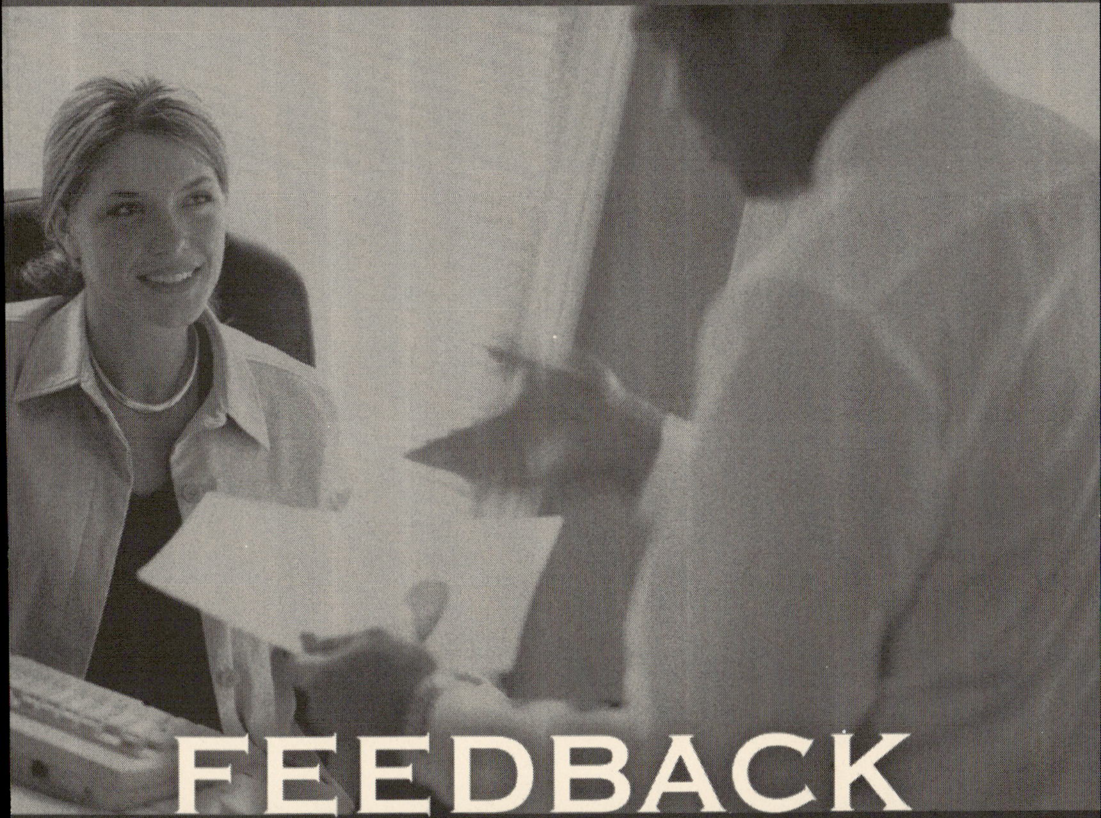

FEEDBACK

*para Resultados na
Gestão por Competências
pela Avaliação 360°*

Guia Prático para Gestores do "Dar e Receber"
Feedback e a Transformação em Resultados

Copyright© 2015 by Rogerio Leme

Todos os direitos desta edição reservados à Qualitymark Editora Ltda.
É proibida a duplicação ou reprodução deste volume, ou parte do mesmo,
sob qualquer meio, sem autorização expressa da Editora.

Direção Editorial	Produção Editorial
SAIDUL RAHMAN MAHOMED editor@qualitymark.com.br	EQUIPE QUALITYMARK

Capa	Editoração Eletrônica
WILSON COTRIM	MS EDITORAÇÃO

1ª Edição	Reimpressões
2007	1ª Reimpressão: 2009 2ª Reimpressão: 2012 3ª Reimpressão: 2015

CIP-Brasil. Catalogação-na-fonte
Sindicato Nacional dos Editores de Livros, RJ

L569f

Leme, Rogerio
Feedback para resultados na gestão por competências pela avaliação 360° : guia prático para gestores do "dar e receber" : *feedback* e a transformação em resultados / Rogerio Leme. – Rio de Janeiro : Qualitymark Editora, 2015.
160p.

Anexos
Inclui bibliografia
ISBN 978-85-7303-715-9

1. Desempenho – Avaliação. 2. Padrões de desempenho. 3. Retroalimentação (Psicologia). I. Título.

07-2705

CDD 658.3125
CDU 658.311.084.3

2015
IMPRESSO NO BRASIL

Qualitymark Editora Ltda.
Rua Teixeira Júnior, 441
São Cristóvão
20921-405 – Rio de Janeiro – RJ
Tels.: (21) 3295-9800

Fax: (21) 3295-9824
www.qualitymark.com.br
E-Mail: quality@qualitymark.com.br
QualityPhone: 0800-0263311

DEDICATÓRIA

Ao meu filho, Eduardo.
À minha esposa, Célia.
À memória de meu pai, Eniciel.
À minha mãe, Eunice.
A toda minha família.
Aos meus fiéis amigos da AncoraRh e Leme.
Aos meus amigos da Qualitymark.
Aos meus amigos Willyans Coelho, Patrícia Bispo e Paula Falcão.
Ao amigo e parceiro Romeu Huczock.
Aos meus clientes e parceiros.
A todos que contribuíram e contribuem para o desenvolvimento de meus trabalhos.

Prefácio

Foi com honra e prazer que aceitei o convite para prefaciar esta obra de Rogerio Leme, amigo e parceiro recente que passei a admirar, pelos valores humanos que compartilhamos e pela capacidade de realização. É um profissional que não tem em sua história origem em RH, como a maioria dos autores dessa área, mas que veio a ser de RH, trazendo uma contribuição muito grande. Isso lhe trouxe vantagem, pois sabemos que a nossa área tem dificuldades em ser objetiva, prática, voltada para resultados. Gestão por Competências é um assunto muito novo no Brasil – tem cerca de 10 anos. Temos pouca literatura e *cases*. O conceito de CHA vem sendo utilizado há muitos anos, mas a ênfase dada pelas empresas tem sido a conhecimentos e habilidades. Hoje, se sabe que a atitude é responsável por 50% ou mais dos resultados. E que só treinamento não resolve mais do que 30% das necessidades de desenvolvimento de competências.

Exatamente pela forma de escrever e visão prática, Rogerio ajudou a eliminar vícios e quebrou paradigmas nos trabalhos sobre competências. O primeiro foi inverter a forma de se fazer mapeamento, com a técnica do inventário comportamental – em vez de escrever frases bonitas e elaboradas –, primeiro o indicador, depois a competência, tirando o subjetivismo na hora de avaliar. O segundo foi, com o mesmo método (gosto/não gosto/o ideal seria), conseguir fazer uma análise crítica de processos, de forma sutil, simples, rápida, utilizando a linguagem conhecida pela empresa. Para se ter idéia da importância disso, já vimos empresas de porte, pioneira na implantação de processos de competências conduzidos por grandes consultorias, contratando lingüistas para traduzir as frases do português para o português, para que os avaliadores pudessem entender...

O terceiro foi a criação de escalas e fórmulas para tornar objetivo algo que é subjetivo. Surpreende-nos com as soluções criativas que encontra como, por exemplo, a "sala de coleta". Ou avaliar uma competência de todo um grupo de colaboradores de uma só vez, ganhando um tempo tão precioso dos gestores, que nem sempre têm prazer em realizar uma atividade deste tipo. E, agora, mais uma vez, com uma obra que simplifica a linguagem da difícil tarefa ou arte de dar e receber *feedback*, com exemplos e analogias, focando em resultado. Realmente estava faltando algo parecido.

Boa leitura!

Romeu Huczok

Romeu Huczok é Administrador, Especialista em Marketing e Mestre em Mídia e Conhecimento. Professor de Pósgraduação em Recursos Humanos em vários centros universitários no Paraná e em Santa Catarina.

Titular da Huczok Consulting e Consultor em Curitiba (*www.huczok.com.br*), atua nas áreas de Planejamento Estratégico, Desenvolvimento Organizacional e principalmente em Sistemas de Remuneração e Gestão por Competências.

É Vice-Presidente da Associação Mãos sem Fronteiras no Brasil, entidade que atua na área de Qualidade de Vida, promovendo a técnica de Estimulação Neural.

romeu@huczok.com.br
(41) 3324-7335
(41) 8412-9640

ROGERIO LEME

Sumário

Introdução 1

Capítulo 1 — Introdução sobre o que é Feedback 3
    Fábula: "A Origem do *Feedback*" 3
    Relação da Fábula com o Mundo Corporativo 4
    Conclusões sobre o que é *Feedback* 6
    O *Feedback* e a Obtenção de Resultados 9

Capítulo 2 — Feedback e a Avaliação 360° 11
    Feedback do Dia-a-dia 11
    Feedback como Devolutiva de uma Avaliação 12
    A Complexidade do Instrumento de Avaliação 14
    É Preciso Rever as Formas de Avaliação 15
    Diferenças entre as Avaliações 16

Capítulo 3 — O Instrumento da Avaliação 360° 21
    Compreendendo o que é Comportamento 23
    Construção de Avaliação 360° para a Implantação
    do "*Feedback* para Resultados" 24
    Propósito Claro e Específico 25
    Cuidado com a Escala de Mensuração 28
    A Escala Evolutiva 31
    Sensibilização, Patrocinadores e Cultura Organizacional ... 32

Deixar Claro o Período da Avaliação 34
Implantação sem Associar a Remuneração 35
Cuidado para não Elaborar uma Avaliação de Potencial 36
Cuidados na Coleta 39
A Devolutiva 41
Número de Avaliadores e Anonimato 41
Grupos de Avaliadores 43
Um Processo de Avaliação Deve Começar pelo
Mapeamento de Competências 44

Capítulo 4 – A Arte de Dar Feedback 45

Para que Dar *Feedback* 46
A Responsabilidade do Comportamento
é de Quem o Realizou 47
O Gestor Deve Acompanhar e Prover Recursos 48
O *Feedback* Deve Ser sobre o Comportamento
e não sobre o Resultado 48
Variações dos Tipos de *Feedback* 50
O Ápice de um Artista: Mudar um Comportamento
Indesejado pelo *Feedback* Positivo 52
A Técnica de Richard L. Williams 53
Alternativa da Técnica para o Mundo Corporativo 54
O *Feedback* como Combustível da Motivação 55
Recomendações ao Dar *Feedback* 57
O Instante do *Feedback* 67
Os Cinco Passos para o *Feedback* Positivo 68
Exemplo de *Feedback* Positivo e suas Variações 68
Os Dez Passos para o *Feedback* Corretivo 70
Exemplo de *Feedback* Corretivo e suas Variações 73
O *Feedback* Corretivo/Incisivo 79
Os Dez Passos para o *Feedback* Corretivo/Incisivo 80
Janela de JOHARI 81
A Cultura do *Feedback* 84

Capítulo 5 – COMO RECEBER *FEEDBACK* 85

Capítulo 6 – O *FEEDBACK* COMO DEVOLUTIVA DE UMA AVALIAÇÃO 91
  Gráfico Individual de Competências 91
  Prioridade de Treinamento 99
  Competências Essenciais e Prioridade de Treinamento 103
  Relatório das Menores e das Maiores Médias 104
  A Solução 105

Anexo I – O INVENTÁRIO COMPORTAMENTAL PARA MAPEAMENTO DE COMPETÊNCIAS 111

Anexo II – CONCEITO DE COMPLEXIDADE 125

Anexo III – DEFINIÇÕES DE COMPETÊNCIAS E INDICADORES 131

CONSIDERAÇÕES FINAIS 139

BIBLIOGRAFIA 141

Introdução

Durante os últimos anos, venho dedicando esforços para explorar todos os recursos que proporciona para a Gestão Estratégica de Pessoas a metodologia que desenvolvi, o Inventário Comportamental para Mapeamento de Competências e que publiquei em meu primeiro livro, *Aplicação Prática de Gestão de Pessoas por Competências*.

A série de minhas publicações trata o Mapeamento e a Avaliação de Competências Comportamentais e Técnicas, a Avaliação de Desempenho com Foco em Competências, o Recrutamento e Seleção por Competências. Cada obra traz uma visão prática, com um viés de comprovação matemática e redução da subjetividade, apresentando um conceito novo ou a ampliação do conceito antigo, em uma visão prática, simples sem ser simplista.

Um professor que tive a felicidade de partilhar de seus conhecimentos, em uma de suas aulas disse uma frase que guardei com profunda admiração: "A Teoria não tem como carreira ser a Prática."

Essa frase retrata a maneira que atuo e resumiu o que entendo ser a necessidade da linha de atuação que os profissionais que gerenciam pessoas, os Gestores e, portanto, não exclusivamente o RH das empresas, precisam ter: a parte prática voltada à realidade do terceiro milênio.

Claro que a teoria é necessária. Sem ela não compreenderíamos como as coisas funcionam. Mas a teoria serve para orientar e para ampliar nossa Visão Sistêmica e poder para solucionar problemas, ou seja, ter resultados.

Porém, nem sempre a teoria pode ser aplicada na prática, pois é necessária uma adequação da teoria à Cultura da Empresa, ao negócio e à estratégia da empresa e, principalmente, à Realidade do Mundo Globalizado. Um mundo competitivo, da era da comunicação sem fronteiras e da era do conhecimento. O mundo do terceiro milênio. O mundo de hoje.

Muitas teorias são antiqüíssimas e sustentam as práticas até hoje, porém existem aquelas que precisam ser transformadas, ou melhor, aplicadas à prática. Para isso, precisamos quebrar paradigmas, como os que eu venho trabalhando em minhas obras e mais uma vez quero propor este desafio ao leitor.

O paradigma que iremos trabalhar neste livro é sobre a Forma da Avaliação e de como dar *Feedback*, para que sejam transformados em Resultados para a Empresa e não uma ação burocrática. Ou seja, como, VOCÊ GESTOR (que não é obrigatoriamente da área de Recursos Humanos, que a cada dia precisa fazer mais com menos, e ainda não tem tempo e muitas vezes recursos) pode colaborar para a transformação da sua equipe através do *Feedback*.

Claro que, para isso ocorrer, será preciso de investimentos de esforços dos gestores junto ao RH e direção da empresa. Esses esforços, no entanto, serão aplicações práticas e que contribuirão para o alcance dos Resultados, pois são baseados em fatores pontuais, com a redução da subjetividade.

Quero trazer para a comunidade de RH e Gestores a materialização da teoria em práticas possíveis de serem aplicadas e adequadas a nossa época, compartilhando minhas pesquisas e experiências adquiridas nos treinamentos de capacitação, nas consultorias que faço e dos recursos que disponibilizo através dos softwares de Gestão de Pessoas que desenvolvo.

Uma boa leitura e reflexão sobre as técnicas aqui apresentadas e muito sucesso na Aplicação Prática do *Feedback* para a Construção de Resultados.

Rogerio Leme
rogerio@ancorarh.com.br
rogerio@lemeconsultoria.com.br
(11) 4401-1807

www.AncoraRh.com.br
www.lemeconsultoria.com.br

Capítulo 1 — Introdução sobre o que é *Feedback*

Feedback é uma palavra de origem inglesa muito usada atualmente nas empresas, porém, em muitos casos, de forma não apropriada. Para compreender seu verdadeiro significado, vou usar uma história que não sei precisar sua origem ou se é verdadeira ou não.

Mesmo sendo uma fábula, ela consegue retratar o verdadeiro significado de uma palavra tão utilizada por nós. É a história do primeiro foguete enviado à lua, em uma viagem não tripulada.

Fábula: "A Origem do *Feedback*"

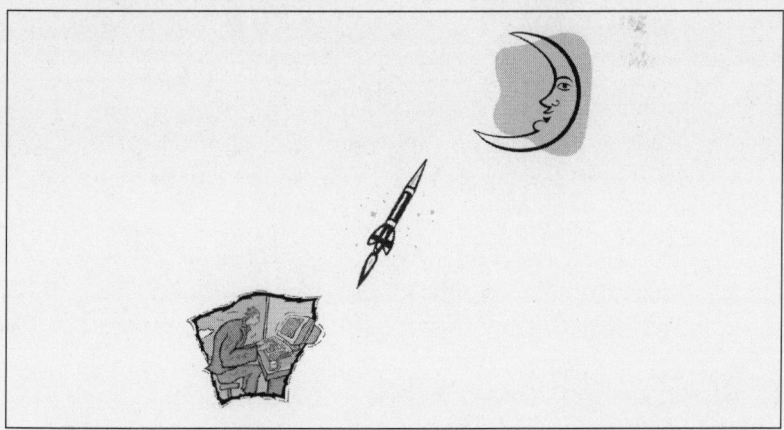

Quando o primeiro foguete foi enviado à lua, na realidade não haviam tripulantes, eram apenas o foguete, a base aqui na Terra que acompanhava todo o processo e a Lua.

Depois de muito preparo e testes, chega o dia da partida. A viagem levaria horas, e era preciso garantir que o foguete cumpriria com sua missão, que era pousar na lua, pois, se algo ocorresse, milhares de dólares seriam desperdiçados.

Cientes de tal responsabilidade, os engenheiros responsáveis pelo projeto previram a necessidade de colocar no foguete um equipamento transmissor que emitiria um sinal para a base de controle das coordenadas do foguete. Como isso apenas não era suficiente, planejaram que o foguete precisaria receber um sinal de confirmação de sua rota.

Assim, de tempos em tempos, o foguete emitia um sinal para a base de suas coordenadas. A base tinha a responsabilidade de interpretar esse sinal e de enviar uma confirmação para o foguete, indicando que estava no caminho correto e, se não estivesse, o sinal emitido pela base continha instruções de correção, passando, de forma precisa, em quantos graus eram necessários corrigir sua rota e em qual direção.

O foguete, ao receber esse sinal, interpretava-o e, com isso, era capaz de acionar seus mecanismos de ajustes da direção, colocando o foguete na direção correta.

O interessante é que o foguete ficava no aguardo da informação vinda da torre e, enquanto a informação não vinha, independente de ser positiva, no sentido que estava no caminho correto ou da informação que era precisa a correção da rota, o foguete continuava emitindo o sinal.

Como a viagem era longa, vários sinais eram emitidos pelo foguete, interpretados pela base e reenviados para o foguete, durante toda a trajetória, até o momento que o foguete pousasse na Lua.

A esse processo de transmissão de informação entre foguete, base e a correção da rota foi chamado de Feedback. E foi assim que se concretizou a visão de enviar um foguete não tripulado para a lua.

Relação da Fábula com o Mundo Corporativo

Se simplesmente ficarmos na fábula, não iremos abstrair quase nada dessa história, que, de fato, nem é empolgante para sequer ninar crianças. Mas ela nos traz várias lições, práticas e atuais, no mundo corporativo. Vamos explorá-las, iniciando por seus personagens.

Capítulo 1 – Introdução sobre o que é Feedback

O foguete é, na realidade, cada colaborador de nossas empresas; a base são os Gestores; a Lua representa os objetivos organizacionais; os engenheiros representam o RH das empresas.

No âmbito do papel desses personagens, podemos fazer a seguinte analogia com o mundo corporativo:

- A *empresa* tinha uma Visão, que era "pousar o primeiro foguete não tripulado na lua". Essa, equivale à Visão da Organização.
- O *Foguete* tinha uma Missão, que era "pousar na Lua", o que equivale à Missão da Função.
- A *Base* era a responsável pela condução do foguete para o objetivo.
- O *Foguete* tinha que cumprir sua Missão, para isso ele tinha que cumprir com suas tarefas e responsabilidades, aplicando suas competências técnicas (controle interno do vôo e interface com seus dispositivos e mecanismos) e "comportamentais" (por exemplo: flexibilidade para interpretar a informação recebida pela base e ter foco no resultado).
- O *Foguete* precisava reagir com a informação obtida da base. O sucesso não dependia somente da base.
- Os *Engenheiros* eram os responsáveis por escolher as peças mais adequadas para o foguete (seleção), assim como prever o que seria necessário para o sucesso do projeto, capacitando o foguete para enviar e receber sinais de suas coordenadas.
- *Base*, *Foguete* e *Engenheiros* precisam trabalhar em suas missões funcionais com o mesmo objetivo da Missão empresarial ("Explorar o Universo") para que a Visão da empresa pudesse ser alcançada.

Em palavras diretas:

O Gestor é o responsável pelo atingimento das metas, pelo cumprimento da visão da empresa. Se os colaboradores não atingirem os resultados, o Gestor é o responsável por isso.

Não adianta observar que o seu foguete não está atingindo o alvo e deixar acontecer. Isso significa enorme prejuízo para a empresa e, se isso ocorrer sem ações proativas do gestor, certamente, é a cabeça dele que estará em jogo. O futebol ilustra isso de forma severa com os técnicos. Claro que em alguns casos o jogador (foguete) é responsabilizado, mas via de regra, é o técnico (gestor). Assim como também em muitos casos, o problema é da empresa (a direção do time). Mas é nessa hora que entra a capacidade, vantagem e diferencial competitivos dos gestores, que, muitas vezes, mudam o cenário (no exemplo do futebol, Luiz Felipe Scolari e o que fez com as equipes em que atuou).

Não é a empresa que atinge a Visão. São os colaboradores que a atingem. A empresa sem os seus colaboradores não é absolutamente nada, pois é apenas um amontoado de máquinas e equipamentos e esses, sem uso ou operação, não têm serventia e não significam nada!

São os jogadores que vencem um campeonato, sob a gestão do técnico e o ganho é do clube.

A empresa quer que o alvo seja atingido. É você Gestor que precisa agir para que isso aconteça e, muitas vezes, o problema está, de fato, no foguete, no aparelho de recepção das informações geradas pela base. Antes de chamar os engenheiros (RH), é preciso certificar que a mensagem está sendo enviada de forma clara e objetiva, sem margens para a não compreensão pelo aparelho receptor do foguete.

Se de fato a mensagem é clara, o problema, então, passa a ser do foguete. Algumas vezes, é preciso apenas de um ajuste de sintonia entre transmissor e receptor. Já em outras, é preciso de uma manutenção mais profunda e, não tão raro, é preciso a substituição do aparelho ou mesmo do foguete, pois, se for identificado que o foguete, apesar de todos os esforços da engenharia e da base, não seja capaz para que o ajuste da rota aconteça, sem nenhum pudor, é preciso substituir o foguete, pois ele não conseguirá cumprir sua missão e, por conseqüência, a visão da empresa pode correr risco de não ser atingida. Isso não pode acontecer.

Conclusões sobre o que é *Feedback*

Feedback significa, apenas, INFORMAÇÃO. É assim que deve ser visto e aplicado nas empresas e na vida. Essa informação, por sua vez, "precisa ser precisa", isenta de qualquer adjetivo ou emoção que, eventualmente, possa estar conjugada, pois, isso ocorrendo, não é mais apenas uma informação, passa a ser crítica, sugestão, opinião etc.

INFORMAÇÃO. Insista nessa compreensão. Quando o foguete enviou a coordenada para a base, foi gerada uma informação. A base interpretou a informação e, de acordo com os objetivos de pousar o foguete na Lua, gerou outra informação para o foguete.

Por sua vez, o foguete interpretou a informação recebida e agiu no sentido de correção da rota ou de persistência, se as coordenadas estivessem corretas.

Assim DEVE ser o *feedback* entre os interlocutores. O gestor deve transmitir uma informação precisa e cabe ao colaborador que receber a informação compreender que esta tem por objetivo que ele atinja os objetivos organizacionais, interpretá-las e agir.

Que fique claro o destaque ao mencionar que a informação gerada pela base (gestor) não deve ocorrer somente se a rota estiver errada, mas também se o foguete estiver na rota certa. Se o gestor não o fizer, o colaborador continua emitindo sinais que precisa do *feedback* e se não forem recebidas as informações, mesmo positivas, o colaborador pode julgar que algo está errado e, por conta própria, mudar as coordenadas, gerando, então, o problema.

Quando a informação vier acompanhada de um complemento, como por exemplo um sentimento, nesse momento se descaracteriza o *feedback*, e corremos o risco gerar ruídos na transmissão da informação e essa ser interpretada de forma errônea ou, ainda, de forma negativa.

Feedback é uma informação precisa que tem como objetivo conduzir o colaborador para cumprir sua missão, a empresa atingir os objetivos e todos saírem ganhando.

FEEDBACK É UMA INFORMAÇÃO, NÃO É OPINIÃO

Opinião é a sua visão e percepção sobre a situação. O dicionário Aurélio traz a definição de opinião como sendo "*forma de ver, de pensar, de deliberar*" e completa com a visão da filosofia:

> *Forma de assentimento (aprovação) objetiva e subjetivamente insuficiente já que é dado a conhecimentos reconhecidos como duvidosos.*

Não podemos correr o risco de apresentar uma visão subjetiva ou duvidosa quando o assunto é a Visão Organizacional. Não podemos correr o risco de não atingir os resultados desejados. Resultados ruins significam investimentos fracassados e insucessos. Não podemos correr o risco de que o "foguete" não atinja o alvo ou colida com um meteoro, jogando pelo espaço milhares ou milhões de dólares, mesmo um centavo, que seja.

É preciso, portanto, sair da subjetividade e passar a informação precisa ao interlocutor.

Dizer ao seu liderado que ele "gasta muito tempo tomando café", é uma opinião; dizer que "suas atividades não estão sendo realizadas, pois ele está usando muito tempo em conversas informais, durante o café e que isso está prejudicando as metas de seu setor", isso é *feedback*.

Dizer a um colaborador que atua em uma área da empresa que precisa ter o cumprimento de horário que você "não gosta que ele chegue atrasado todos os dias", é opinião. Dizer que "o fato de chegar atrasado prejudica a equipe, o clima e a imagem da empresa mediante aos clientes", isso é *feedback*.

FEEDBACK É UMA INFORMAÇÃO, NÃO É "BRONCA"

Bronca é uma gíria brasileira para representar uma repreensão, que, segundo o dicionário Aurélio significa:

> *Repreender, censurar com palavras severas e enérgicas, de caráter disciplinar, as quais equivalem, freqüentemente, a um castigo.*

Se a informação a ser transmitida estiver acompanhada do tom de voz da repreensão, pode estar certo que, por mais justo que seja o motivo e a razão que você tiver, você terá problemas. E esse exemplo é muito simples de ser vivenciado, pois, certamente, todos nós já passamos por isso em nossas vidas particulares, com nossas esposas, maridos, namorados, namoradas, pais e até mesmo com alguém em nossas empresas.

É claro que é fundamental ter energia em momentos cruciais, mas o tom de respeito é a base para obter resultados. James Hunter, o autor dos livros *O Monge e o Executivo* e *Como se Tornar um Líder Servidor*, traz, nesse segundo, o exemplo de um *feedback* de Jack Welch, ex-presidente da GE para Jeffrey Immelt, um dos três colaboradores que estavam sendo preparados para sua sucessão. Quando Jeffrey Immelt dirigia uma subsidiária da GE Plastic Américas e ela estava com péssimo resultado, apesar de toda a admiração de Welch por Immelt, ele disse a Immelt: "Eu amo você, sou seu maior fã! Mas você é responsável pelo pior ano da empresa. Terei de afastá-lo, se não puder dar um jeito". Mesmo Jeffrey Immelt sendo quem era, e atual presidente da GE, o que indica que ele reverteu a situação, teve de responder pelos seus atos.

Para efeito de registro, Hunter trabalha a palavra "amor" no sentido de respeito.

O exemplo retrata uma informação apresentada com energia, mas respeitosa. Falaremos mais sobre isso ao estudarmos os tipos de *feedback*.

FEEDBACK É UMA INFORMAÇÃO, NÃO É SUGESTÃO OU CONSELHO

"Fulano, você passa muito tempo ao telefone para resolver problemas. Seria interessante identificar o foco do problema e trabalhar nele, sem percorrer caminhos desnecessários." Esse é um exemplo de um *feedback* duplamente errôneo, pois a informação veio acompanhada de uma opinião seguida de um conselho ou sugestão.

Estudaremos essa questão mais adiante, no Capítulo 4, mas é importante ressaltar que ao dar o *feedback* não devemos dar sugestões de melhoria. Essa é a parte que compete ao foguete não à base. Ilustrando, a base informa que a posição está errada em 12° na direção X. Ao foguete compete a análise da velocidade atual e saber se mudar repentinamente isso pode gerar um desvio indesejado. Não que o colaborador não possa pedir auxílio ao Gestor. Ele deve ajudar, mas o Gestor deve aguardar a indicação que ele precisará de tal ajuda.

Paulo Roberto Menezes de Souza, autor do livro *A Nova Visão do Coaching na Gestão por Competências: A Integração da Estratégia* cita que ao dar o *feedback* existe um momento de silêncio do receptor e, quem está fornecendo o *feedback*, precisa policiar-se, pois *"muitas vezes não aceitamos o silêncio. Mas ele é importante para que o pensamento tenha prosseguimento. Não deixe que o silêncio dos outros lhe motive a aconselhar. Respeite esse tempo"*.

O *Feedback* e a Obtenção de Resultados

Não é possível falar em Gestão de Pessoas, Gestão por Competências, Gestão Estratégica de Pessoas ou mesmo sobre Feedback sem ter um foco, uma direção, uma Visão ou sem saber para que serve o *feedback*.

Não é possível aplicar *feedback* para resultados se não souber efetivamente qual o resultado esperado. É preciso ter, em primeiro lugar, a Visão da empresa ("pousar o primeiro foguete não tripulado na Lua") para que possa conduzir os colaboradores na direção desse objetivo. Se não tiver isso, jamais poderemos ter Feedback para Resultados, pois não saberemos quais os resultados desejados.

Aí está o grande problema. Muitas vezes, as empresas e gestores até sabem os resultados desejados, mas os colaboradores não sabem ao certo seu papel. Inconscientemente, temos tem o mau hábito (vício) de "achar" que todas as outras pessoas sabem o que se espera delas e, geralmente, elas não sabem.

Você tem esse exemplo claro em sua empresa ou em algum lugar em que tenha trabalhado, ou será que em todas as empresas que você trabalhou, no momento da sua contratação ou de novos colaboradores da sua equipe, esses colaboradores receberam um documento claro dizendo quais eram suas tarefas, responsabilidades, metas, as competências técnicas necessárias, as competências comportamentais e o significado de cada uma dessas competências, além da apresentação da cultura da empresa, das normas, das políticas etc.?

Provavelmente, a resposta é NÃO! Sendo assim, seus colaboradores não sabem exatamente o que se espera deles, portanto a regra do jogo não está clara e vocês, Gestor e RH, precisam deixar essas regras claras para que seu foguete (Colaborador) possa saber exatamente qual é a sua missão para que a empresa possa atingir a Visão.

No decorrer dos capítulos veremos que o *feedback* precisa de um ambiente (cultura), os tipos de *feedback*, que o *feedback* não é apenas uma ferramenta do Gestor para o Colaborador – do Líder para Liderado, mas também do Colaborador para o Gestor, o *feedback* do dia-a-dia e o momento do *feedback* em uma avaliação de competências e avaliação de desempenho.

Por ora, essa é a reflexão que desejo deixar ao leitor. O uso da fábula do primeiro foguete não tripulado enviado à Lua tem como objetivo servir de reflexão básica para a decisão de dar o *feedback* a alguém.

Capítulo 2 — Feedback e a Avaliação 360º

Quando falamos em *feedback* é fundamental compreender que existem dois momentos de *feedback*:
- O *feedback* do dia-a-dia.
- O *feedback* como devolutiva de uma avaliação.

Feedback do Dia-a-dia

Esse momento do *feedback* é aquele que deve ser diário e constante em nossas vidas. Sua equipe tem uma meta e você deve zelar pelo seu cumprimento, como, por exemplo, uma equipe de representantes comerciais onde cada um precisa realizar 40 visitas por mês. Você não deve esperar o prazo da entrega para checar se o resultado foi alcançado ou não. Em outras palavras, você não deve esperar somente o final do mês para constatar que Fulano não realizou as visitas. Durante o período de execução, no papel de Gestor, você deve monitorar a evolução e incentivar sua equipe para desempenhar o esperado e, eventualmente, identificar o que está ocorrendo com o representante que estiver abaixo da expectativa.

Essa é uma atuação ativa em relação ao desempenho esperado e de responsabilidade do Gestor.

O *feedback* do dia-a-dia é também aquele que você precisa dar para incentivar comportamentos adequados de seus colaboradores para que eles se multipliquem e intervir naqueles que forem prejudiciais à evolução do trabalho, ao clima, enfim, dos objetivos organizacionais.

Esse *feedback* deve ser pontual e, de acordo com o ditado, "bata o ferro enquanto estiver quente", que é uma analogia à antiga profissão de ferreiro que preparava os artefatos de ferro moldando-os após o aquecimento, pois somente com o ferro quente é possível moldá-lo.

Na analogia, o ferro é o comportamento e o "estar quente" é a situação que ocorreu, ou seja, o uso do *feedback* para "moldar" ou ajustar o comportamento deve ser no momento adequado, porém enquanto os fatos ainda estiverem fluindo. Quando o ferro esfria, não é possível mais moldá-lo. Existem até os que complementam esse ditado afirmando que "depois que esfria, bater o ferro, quebra-o".

Por exemplo, se houver um problema de relacionamento entre membros da equipe, não adianta dar o *feedback* da conduta que a equipe tomou duas semanas após o ocorrido. É preciso ter cuidado para não se queimar com o calor do acontecimento, sendo adequado, dependendo da ocasião, aguardar alguns momentos ou até mesmo tratar do assunto no dia seguinte, desde que esse momento não signifique que a situação já tenha gerado feridas profundas, o que passa a ser prejudicial mexer.

É preciso sensibilidade para perceber o momento oportuno, afinal, somente é possível moldar o ferro enquanto ele ainda estiver quente. Isso será discutido no Capítulo 4.

Esse *feedback* do dia-a-dia requer do Gestor um alinhamento com a estratégia e com a cultura da empresa e dos Colaboradores. São essenciais o preparo e a internalização da cultura do "receber o *feedback*", fazendo com que todos compreendam que o *feedback* visa que o "foguete" chegue "à Lua", na analogia de nossa história, apresentada no capítulo anterior.

Feedback como Devolutiva de uma Avaliação

Em tese, as empresas passam por uma etapa de avaliação de seus Colaboradores através de um instrumento formal chamado de Avaliação de Desempenho.

O destaque da frase anterior ("em tese") é adequado, pois algumas empresas não têm essa estrutura formal, o que pode ser prejudicial e tem um viés de subjetividade. Por exemplo, considere uma empresa que promove seu melhor vendedor para ser o gerente de vendas, sem que tenha realizado uma avaliação de desempenho ou acompanhado suas competências e necessidades de treinamento por instrumentos formais. Essa empresa corre o risco de perder o melhor vendedor e ganhar um gerente de vendas inadequado.

Essa é uma realidade não apenas de pequenas empresas, mas de grandes também, públicas ou privadas.

Há também uma confusão entre o que é Avaliação de Competências e Avaliação de Desempenho. Discutiremos isso ainda nesse capítulo, mas, por ora, tenhamos como referência a existência uma avaliação e, como parte desse processo, é necessário que seja dado um *feedback* ao avaliado de seu resultado. Esse é o momento que faço referência como sendo o momento do *feedback* na devolutiva de uma avaliação.

Diferente do *feedback* do dia-a-dia, este *feedback* tem uma estrutura formal, objetivos específicos e predefinidos. O *feedback* ocorre geralmente no sentido Gestor-Colaborador, ou seja, do Líder para o Liderado e não no sentido inverso, apesar de o instrumento permitir a percepção de subordinados, como o caso da avaliação 360°.

Vale ressaltar que, nesse tipo de avaliação, o responsável por fornecer o *feedback* ao avaliado é o seu Gestor, por ter condições de compreender a situação observada na avaliação e conhecer o Colaborador, afinal, ele é um de seus liderados. Em alguns casos, o recurso ocorrerá através de um profissional externo, como um *coach*. Mas, normalmente, isso ocorre apenas com os profissionais da alta direção, afinal, alguém precisa também dar o *feedback* de suas avaliações.

Algumas empresas optam em usar o RH para o *feedback* para a alta direção, o que não é aconselhável, pois o profissional do RH está hierarquicamente em uma posição de subordinação em relação à alta direção. Isso pode inibir a atuação do profissional de RH, além de colocar ambos em uma situação difícil e, algumas vezes, constrangedora, fato que não ocorre com um profissional contratado para tal execução.

Dar o *feedback* devolutivo de uma avaliação requer preparo do Gestor em dois âmbitos principais. Primeiro, compreender o instrumento e os objetos apurados pela avaliação e interpretá-los de forma correta e imparcial. Segundo, da forma adequada a dar efetivamente o *feedback* aos seus colaboradores, pois a estratégia deve ser diferente do *feedback* do dia-a-dia.

A Complexidade do Instrumento de Avaliação

Quando citei na Introdução deste livro que precisamos quebrar paradigmas e ter instrumentos de fácil compreensão do Gestor é porque a especialização do Gestor, geralmente, não é da área de Humanas, nem tão pouco de Psicologia, e sim da área técnica. Claro que os Gestores precisam ter conhecimentos e especializações em Gestão de Pessoas, seria ideal, mas sabemos que não é assim no mundo real.

Isso significa que os instrumentos de avaliação precisam evoluir, pois o Gestor precisa compreender tais instrumentos, os quais precisam usar a linguagem do negócio da empresa, e não o Gestor ter de fazer um curso de interpretação filosófica do instrumento utilizado. Muitas empresas ainda aplicam métodos de avaliação com uma cara moderna, mas estruturados em teorias da década dos anos de 1960, 1970, 1980 ou 1990.

É importante lembrar que estamos no terceiro milênio e que nos anos de 1960, 1970 ou 1980, não havia Internet, micros nas mesas das pessoas, não havia globalização, e no Brasil, mais especificamente, não tínhamos sequer a abertura do mercado.

Talvez alguns leitores mais jovens não saibam o que significava ter um "Opalão 6 cilindros" como o carro dos sonhos, conviver no final dos anos 80 com carros como Brasília, Passat, Monza e o "romântico" Fusca (claro, meu primeiro carro, como o de muitas pessoas). Muitos não sabem que um dia o computador não tinha sequer monitor. Acostumados na era da informação e tecnologia com e-mails, poder falar com qualquer parte do mundo via Internet por programas gratuitos de Voz sobre IP – VOIP, como o Skype. Nos anos 80, tínhamos um moderníssimo e barulhento aparelho de envio de mensagens chamado Telex, que, além de tudo, fazia uma sujeira incrível no chão com aquelas bolinhas de papel picotado, como miniconfetes, e essa era a forma mais rápida e inovadora de uma informação passar de um lado a outro do mundo.

É notória a evolução e a revolução pelas quais passamos, no Brasil principalmente, a partir da metade da década de 90 e, para os não tão jovens, vimos o impacto que isso trouxe em nossas empresas.

Vemos hoje a exigência do mercado feita aos gestores e profissionais de nível tático, aos analistas, aos técnicos e mesmo nas funções operacionais. A exigência da qualidade antes era diferencial competitivo e hoje é *commodities*, eliminando do mercado quem não a possui.

É Preciso Rever as Formas de Avaliação

As teorias que dão fundamentos aos instrumentos de avaliação são das décadas de 60 e 70. Algumas até anteriores a essa época.

O problema está em querer fazer das teorias a prática nos dias atuais. É errado e não funciona devido ao nível de exigência dos gestores, àqueles, como na fábula, os responsáveis por fazer o foguete chegar à Lua.

Não basta apenas a nova roupagem na coleta das informações que antes era em papel e agora pode ser até via Internet. É preciso ter a base da teoria e transformá-la em uma aplicação prática e exeqüível nos dias atuais.

Um exemplo prático da necessidade dessa mudança é a insistência em dizer que em uma avaliação o Gestor precisa sentar com cada um de seus avaliados e discutir item a item da avaliação e chegar a um consenso para pontuação da avaliação.

Claro que, em teoria, isso é o ideal. Agora responda sinceramente:

- É exagero dizer que temos mais itens a avaliar atualmente que há dez anos devido às exigências de mercado?
- É exagero dizer que um gestor tem em média de 10 a 15 membros em sua equipe após o movimento de *downsizing* (achatamento da pirâmide das empresas, reduzindo os níveis gerenciais e hierárquicos) promovido e aplicado de forma mais veemente nas empresas do Brasil a partir da década de 90?
- É exagero dizer que na década de 90 não falávamos em Competências Comportamentais como falamos hoje e entendemos que isso faz a diferença do profissional e, conseqüentemente, da empresa atual?
- É exagero dizer que os Gestores cada vez mais têm mais atividades para executar, pois o mercado assim exige?
- É exagero afirmar que cada vez mais os Gestores têm menos tempo?
- É exagero afirmar que, conforme subimos na hierarquia da empresa, os Gestores têm mais liderados, mais responsabilidade e, conseqüentemente, menos tempo?
- É exagero dizer que hoje, mais do que nunca, a responsabilidade em conduzir o foguete para pousar na Lua é do Gestor?

Se você concorda que não é nenhum exagero em no mínimo quatro das sete situações apresentadas, você há de convir que não tem como o Gestor dedicar tempo para fazer uma avaliação como a proposta de conciliar item a item, em cada questão estratégica do processo de avaliação! É preciso ter uma nova estratégia para colocar a teoria em prática. É preciso evoluir, não na roupagem da avaliação, mas em sua concepção.

Não remodelar a aplicação da avaliação é trabalhar para a burocracia e seria necessário ter um Gestor somente para ficar avaliando os Colaboradores e outro para "trabalhar". Exceto se o modelo utilizado por sua empresa for uma mera formalidade para registro onde ela é respondida de qualquer forma, afinal, se não tem nenhum objetivo a não ser o arquivo, não há porque investir energia na execução em uma avaliação que não resolva ou atenda às necessidades do novo milênio. Mas, se for mesmo assim em sua empresa, é melhor ficar atento, pois você corre o risco de estar em uma empresa que será extinta pela natureza da exigência do mercado globalizado.

Diferenças entre as Avaliações

Existem algumas confusões entre as avaliações que precisam ser esclarecidas para o entendimento do processo e aplicação correta ao objetivo. Dentre as existentes, citaremos as avaliações desempenho, de resultados, de competências, de potencial e de desempenho com foco em competências. Fica o registro que as diferenças aqui apresentadas não têm como objetivo explicitarem a referência acadêmica ou teórica das diferenças entre elas, mas sim de mostrar a prática da forma que é utilizada no mercado, integrando o cotidiano das empresas.

Avaliação de Desempenho

É a nomenclatura mais comum encontrada nas empresas. Geralmente elaborada através de um formulário desenvolvido pelo RH onde o superior imediato pontua seu liderado em uma escala do desempenho que teve em um determinado período, gerando, assim, o resultado de seu desempenho.

Geralmente, os itens a serem apurados pela avaliação são questões de cumprimento de normas e políticas da empresa, de resultados e algumas questões comportamentais.

Algumas empresas evoluem na construção do formulário, mas grande parte acaba caindo em alguns problemas básicos do instrumento de avaliação como utilização de escala inadequada, falta de clareza nos parâmetros a serem avaliados, avaliar conceitos, construir uma avaliação ampla em vez de uma específica, dentre outros. Essas questões serão apresentadas no Capítulo 3.

AVALIAÇÃO DE RESULTADOS

É uma avaliação similar a de desempenho, porém focada restritamente nos resultados e nas metas atingidas pelo Colaborador. Alguns teóricos dizem que esse de fato é o desempenho do Colaborador, o que particularmente não posso concordar, mas, como comentei no início deste tópico, não tenho como objetivo trazer conceitos acadêmicos ou teóricos, mas sim a visão do que ocorre no mercado.

Sua origem é da APO – Avaliação por Objetivos – instrumento que mensura o alcance de metas atingidas pelo Colaborador. Apenas para registro histórico, houve uma variação da APO para APPO – Avaliação Participativa por Objetivos – devida forma que foi aplicada em sua implantação ser um tanto impositiva na definição dos objetivos, o que levou a certo problema nas empresas que a adotaram, gerando o movimento participativo. O objetivo foi reduzir a rejeição e os problemas originados na implantação da APO, mas, na essência, ambas são iguais.

AVALIAÇÃO DE COMPETÊNCIAS

O assunto competências é antigo, mas de fato ele desembarcou com força nas empresas brasileiras nos últimos anos da década de 90 e a partir do ano 2000 tornou-se uma febre entre as empresas. Atualmente, até os governos federais, estaduais e municipais compartilham da necessidade da Gestão por Competências.

O problema aqui é muito sério, pois as empresas estão usando esse instrumento como "avaliação de desempenho" e avaliação de competências não é avaliação de desempenho. Em minha visão e experiência, afirmo que essas duas avaliações, de desempenho e de competências, são insuficientes por serem incompletas, pois defendo a "avaliação de desempenho com foco em competências" que será discutida nos próximos tópicos.

O problema referente à avaliação de competências é que existe uma tendência de as empresas fazerem uma avaliação comportamental e utilizá-la como desempenho do Colaborador. Especificamente, Competências é um conjunto de Conhecimentos, Habilidades e Atitudes que são separadas em dois grupos chamados Competências Técnicas e Competências Comportamentais. Assim, o fato de avaliar somente a parte comportamental, não pode ser chamado sequer de avaliação de competências, por faltar a parte técnica.

Uma avaliação de Competências é aquela que avalia as Competências Técnicas e Comportamentais de seus Colaboradores em relação às competências de que a empresa e, mais especificamente, de que a função do avaliado precisa. Avaliação de Competências não é Avaliação de Desempenho, muito menos Avaliação de Desempenho com Foco em Competências.

AVALIAÇÃO DE POTENCIAL

Segundo o dicionário Aurélio, potencial significa *"respeitante a potência; virtual; possível"*. Portanto, uma avaliação potencial tem como objetivo identificar o que é "possível" de ser esperado (expectativa) de um indivíduo avaliado. Em outras palavras, Avaliação de Potencial não é Avaliação de Desempenho, pois essa requer a mensuração do que o indivíduo realmente fez e executou.

Também não é Avaliação de Competências, pois essa tem como objetivo identificar a necessidade de treinamento do Colaborador comparando as suas competências técnicas e comportamentais mediante aquelas necessárias para a função que ele executa e, a princípio, não de uma função que ele possa vir a executar.

Isso remete a uma questão a ser discutida, no Capítulo 3, que aborda a forma de construção do instrumento de avaliação. Se o instrumento não for específico para a necessidade a ser mensurada significa que ele é genérico, e, sendo genérico, tem como característica nata a identificação de Potencial e não de Resultado (pousar o foguete na Lua), foco deste livro e do que as empresas e os Gestores efetivamente precisam em seu dia-a-dia, que é ter informações precisas para o *"Feedback* para Resultados".

AVALIAÇÃO DE DESEMPENHO COM FOCO EM COMPETÊNCIAS

Fazer Gestão de Pessoas por Competências somente com o conceito do CHA – Conhecimentos, Habilidades e Atitudes – é a base do processo, mas é insuficiente para uma Gestão Estratégica de Pessoas alinhada aos objetivos organizacionais.

Uma avaliação que mensura apenas os Conhecimentos, as Habilidades e as Atitudes é incompleta, pois ela não identifica o que os colaboradores efetivamente entregam, agregam ou contribuem efetivamente para a Organização. Em outras palavras, é preciso ampliar o conceito teórico sobre competências e trazer para a visão contemporânea, adequada às necessidades dos Gestores e da exigência do mercado atual: Competências pelo Conceito de Entrega do Colaborador.

O Conceito de Entrega do Colaborador foi trabalhado por mim em meu segundo livro, *Avaliação de Desempenho com Foco em Competências*, onde eu apresento uma metodologia para a mensuração do desempenho do Colaborador pela composição de quatro perspectivas básicas:

- Técnica.
- Comportamental.
- Resultados.
- Complexidade.

As duas primeiras têm origem no CHA das competências, a terceira são os resultados, metas e objetivos traçados para o Colaborador. A Complexidade tem origem na descrição da função, que são as tarefas estratégicas que o Colaborador realiza e a forma com que são realizadas tem impacto nos resultados. O Anexo II deste livro traz um material complementar para àqueles que desejarem aprofundar um pouco mais sobre o Conceito da Complexidade.

Essas quatro perspectivas compõem o Coeficiente de Desempenho do Colaborador, que identifica a entrega do colaborador para a organização, ou seja, suas competências, mas agora no sentido amplo e não limitado apenas ao CHA.

A ampliação do conceito do CHA para competências é uma visão que requer o alinhamento da Visão Estratégica da empresa. Joel Dutra traduz e complementa uma visão desses conceitos, também trabalhados por diversos autores de outros países, como Dalton e Thompson, Jaques,

Towbottoom e Bílis e Stamp, dentre outros citando que "*o fato de as pessoas possuírem determinado conjunto de conhecimentos, habilidades e atitudes, não é a garantia de que elas irão agregar valor à organização*" (Dutra, livro Competências, 2004).

Isso também pode ser visto na definição de Scott B. Parry ao mencionar que o CHA **se relaciona com o desempenho**, logo o CHA **não é o desempenho**.

Toda empresa vive de resultados e é feita de seus Colaboradores. Daí a afirmação de que o maior capital das empresas é o capital humano. Mas o capital humano precisa trazer resultados; caso contrário, a organização não sobreviverá nem para ela mesma, nem para seu capital humano. Fazer Gestão de Pessoas por Competências, então, passa a ser **"Buscar Resultados com e através de Competências"** através de seus Colaboradores, e, para isso, somente o CHA é insuficiente.

Portanto, a utilização da Ferramenta de "*Feedback* para Resultados", quando aplicada no momento da Devolutiva de uma Avaliação, terá mais poder se esta for uma Avaliação de Desempenho com Foco em Competências, pois haverá a mensuração se a "entrega" do Colaborador é a esperada. Assim, o gestor passa a ter a informação precisa para dar o *Feedback*, gerando efetivos resultados para a Organização.

Capítulo 3 — O Instrumento da Avaliação 360º

O instrumento de Avaliação 360º tem, na realidade, outro nome que seria o mais adequado: "Avaliação de Múltiplas Fontes". Na realidade, a nomenclatura 360º passou a ser como uma "grife" para identificar uma modernidade, pois comercialmente os consultores começaram a falar em avaliação 90º, 180º e 360º. Exceção feita a de 90º, as demais já podem ser classificadas como múltiplas fontes, pois na realidade sua caracterização é de ter a percepção de mais de um avaliador sobre o mesmo indivíduo a ser avaliado.

A avaliação 90º é a tradicional avaliação onde o superior imediato avalia seu subordinado. A 180º é aquela que compõe, além da avaliação do superior, a avaliação e percepção do próprio avaliado, a chamada Auto-avaliação. Como nesse caso temos mais de um avaliador, isso já caracteriza uma avaliação de múltiplas fontes, embora tenhamos apenas duas fontes neste tipo de avaliação.

Estudos realizados entre os anos 1960 e 1970 colocavam as percepções de subordinados nas avaliações com o objetivo de melhorar a precisão do *feedback*, o que culminou na atual forma onde temos como parte do processo a visão, além da percepção do superior imediato, da auto-avaliação e dos subordinados, a percepção de pares, clientes e fornecedores internos, a então caracterizada Avaliação 360º.

É importante ressaltar que ao mencionar clientes e fornecedores devemos entender exclusivamente como internos e não como externos. Com clientes e fornecedores externos a empresa pode fazer pesquisa de mercado e pode considerar esse resultado como componente da perspectiva de Resultados na Avaliação de Desempenho com Foco em Competências, por exemplo.

Porém, não são todas as funções que têm subordinados ou superiores, não cabendo a nomenclatura, em tese, 360°, mas não deixa de ser por isso, uma Avaliação de Múltiplas Fontes.

Isso é teoria e serve para compreensão, mas, na prática, o que importa é a necessidade de ter mais de uma percepção sobre o mesmo fator a ser avaliado.

Para efeito de registro, existe também a avaliação baseada somente na Auto-avaliação, que, da mesma forma da Avaliação Superior, não contempla com precisão a correta visão sobre o fator a ser avaliado, podendo haver distorções.

De forma geral, a Avaliação 360° ou de Múltiplas Fontes é utilizada para a Avaliação Comportamental, porém isso não é regra, pois mesmo uma avaliação técnica pode ter múltiplas fontes, como a auto-avaliação, do superior e dos pares (colaboradores da mesma função do avaliado). No entanto, não cabe na avaliação técnica, por exemplo, a avaliação dos subordinados, pois esses não têm, necessariamente, condições de avaliar as competências técnicas de seus superiores.

Outra aplicação da Avaliação de Múltiplas Fontes é a Avaliação da Perspectiva Complexidade proposta na metodologia da "Avaliação de Desempenho com Foco em Competências".

Ainda no campo da teoria, mas de extrema importância para visualizar e fundamentar a forma prática de ser aplicada, faço a sugestão para você aplicar um pequeno teste com seus colegas de trabalho ou mesmo com seus familiares.

Entregue a eles a figura da página seguinte e peça para que a descrevam com a maior precisão possível. Depois, compare os resultados das descrições e continue a leitura do livro, pois isso ajudará a compreender a complexidade do que estamos tratando ao falar de um processo de Avaliação 360° ou de Múltiplas Fontes.

Com absoluta certeza, os resultados são os mais diferentes e até com características que você jamais poderia esperar ou mesmo impossíveis de serem imaginadas.

É, simplesmente, surpreendente, ainda mais pelo fato de a figura apresentada a cada pessoa que descreveu ser absolutamente a mesma!

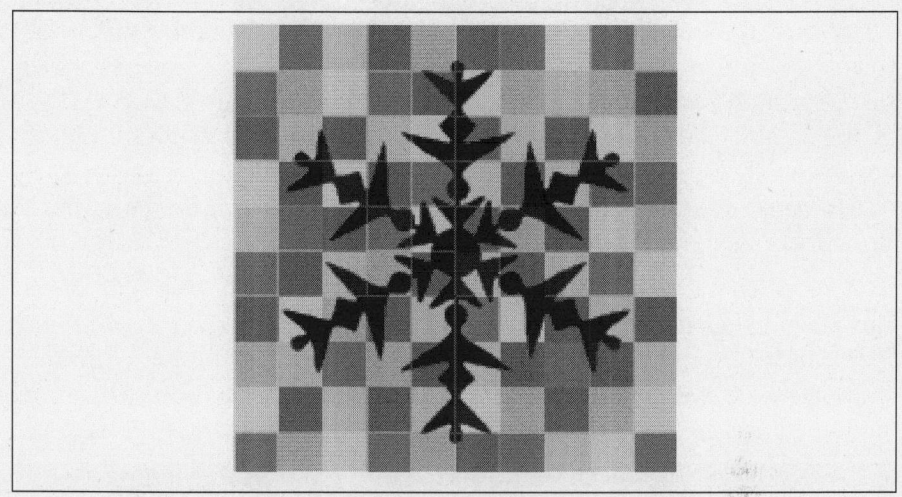

Compreendendo o que é Comportamento

Se a principal aplicação de uma Avaliação 360° ou de Múltiplas Fontes é a mensuração de Comportamentos, e o foco do que iremos trabalhar neste livro, precisamos recorrer à teoria para compreender a prática.

Segundo a definição obtida pelo bom amigo dicionário Aurélio, no campo da Psicologia:

> *Comportamento é o conjunto das reações que se podem observar em um indivíduo, estando esse em seu ambiente e em dadas circunstâncias.*

Ao refletir sobre essa definição e comparar com o exercício de descrição da figura proposto acima, podemos concluir que:

> *Comportamento não é exatamente o que fazemos, mas, sim, o que os outros observam das reações que temos em um ambiente (organizacional) e em dadas circunstâncias (na execução de nossas tarefas, responsabilidades, ao gerenciar uma equipe, solucionar um conflito, ao nos depararmos com um problema etc.).*

Em uma analogia ao exercício da descrição da figura, a figura em si é a reação que um indivíduo teve e, a descrição feita por cada pessoa que participou da atividade é, na realidade, o comportamento que pode ser observado, que foi descrito de formas diferentes. Isso ocorre, pois a forma de percepção (*do latim* percipere, *"apoderar-se de", "apreender – assimilar mentalmente – pelos sentidos"*) é individual e ímpar de cada um. No exercício da figura, os participantes da atividade representam os avaliadores e inclusive a descrição da própria pessoa que gera as reações (o avaliado) tem uma percepção que não é obrigatoriamente a mesma dos demais avaliadores.

Comportamento não é o que eu faço, mas, sim, o que os outros observam daquilo que eu faço (das minhas reações). Portanto, o comportamento tem um viés de subjetividade, não há como negar, porém para administrar e gerenciar é preciso usar instrumentos para reduzir ao máximo a subjetividade, e isso é possível: reduzir, não eliminar na totalidade.

A Avaliação 360° ou de Múltiplas Fontes é um instrumento que oferece essa possibilidade, pois seu objetivo é **aumentar o nível de consciência do avaliado** da forma que seus comportamentos são percebidos pelas pessoas ao seu redor e como isso impacta em seus resultados.

Com múltiplos avaliadores podemos reduzir a subjetividade e usar o *feedback* no momento da Devolutiva da Avaliação para gerar Resultados Efetivos.

Para que isso ocorra efetivamente, é preciso quebrar alguns paradigmas da forma que as avaliações são aplicadas tradicionalmente nas empresas, por serem técnicas das décadas de 60 e 70. Afinal, como comentado anteriormente, o mundo mudou e as exigências empresariais também.

Com a finalidade de evitar erros conceituais, redução da subjetividade e proporcionar que a implantação do *"Feedback* para Resultado", apresento algumas dicas importantes na construção da Avaliação 360° ou de Múltiplas Fontes.

Construção de Avaliação 360° para a Implantação do *"Feedback* para Resultados"

Os destaques apresentados a seguir são os principais cuidados a serem tomados para a construção do instrumento de Avaliação 360° ou de Múltiplas Fontes. Certamente, sempre haverá uma variação ou uma adequação desses objetivos com aquilo que é possível ser construído ou aplicado em sua empresa no momento.

A recomendação é que o instrumento que for possível de ser aplicado em sua empresa esteja na direção do ideal que será apresentado, pois, mesmo que ainda não seja o ideal, o importante é estar em seu caminho e construído no sentido correto. Se esse detalhe não for considerado ou a adoção de medidas contrárias, o cenário ideal ficará mais distante.

Propósito Claro e Específico

Este tópico engloba a necessidade de ter clareza nos parâmetros a serem avaliados e o problema de avaliar conceitos de uma avaliação ampla.

Uma avaliação precisa ter um propósito claro e específico. Quanto mais específico for o item a ser avaliado, menor será a subjetividade ou a margem de interpretação fora do contexto a ser pesquisado.

Vimos que *feedback* na realidade é uma informação e que essa informação deve ser precisa. Portanto, ao aplicar uma Avaliação os itens a serem mensurados não podem ser generalistas. Quanto mais generalistas, mais amplos são, maior é a margem para interpretação da percepção do avaliado e, conseqüentemente, menos específico.

Na prática

Uma avaliação que utiliza um Conceito para avaliar uma Competência é inadequada, pois seu conceito é amplo e generalista. Para ilustrar, extraí da literatura a definição de Relacionamento Interpessoal de três autores.

- Definição de Relacionamento Interpessoal, na visão do **Autor A**: *Capacidade de compreender as pessoas e se tornar compreendido, estar aberto para entender a idéia do outro a partir do ponto de vista dele.*
- Definição de Relacionamento Interpessoal, na visão do **Autor B**: *Habilidades para interagir com as pessoas de forma empática, inclusive diante de situações conflitantes, demonstrando atitudes positivas, comportamentos maduros e não combativos.*
- Definição de Relacionamento Interpessoal, na visão do **Autor C**: *Capacidade de se relacionar de forma construtiva com o time, demonstrando consideração e respeito pelos colegas, promovendo a união e a integração de todos e se sentindo parte do time e compartilhando problemas e soluções.*

O objetivo não é dizer que um está certo ou errado, mas mostrar a amplitude e a complexidade em fazer uma avaliação baseada em um conceito de competências gerado para uma empresa.

Se utilizar a definição da competência em uma avaliação e o resultado de um avaliado for considerado nível 3 em uma escala de 0 a 5, por exemplo, o que levou o avaliado a dar nível 3 é algo muito subjetivo, pois não sabemos exatamente o que foi levado em consideração para tal pontuação. Conseqüentemente, o *feedback* do gestor ao liderado não terá resultado efetivo, pois a informação não é precisa.

É como se no exemplo da fábula do primeiro foguete não tripulado enviado à Lua, a base enviasse uma informação para o foguete similar a "Olha foguete, o caminho está errado em 2°". Para onde, o que isso significa, se pode virar imediatamente ou se deve aguardar um obstáculo. Esse tipo de avaliação não é precisa e deixa o Colaborador sem saber exatamente o que fazer.

Qual a solução

Retomando o exercício da descrição da figura, avaliar um conceito é amplo, como pedir para alguém descrever a figura abaixo.

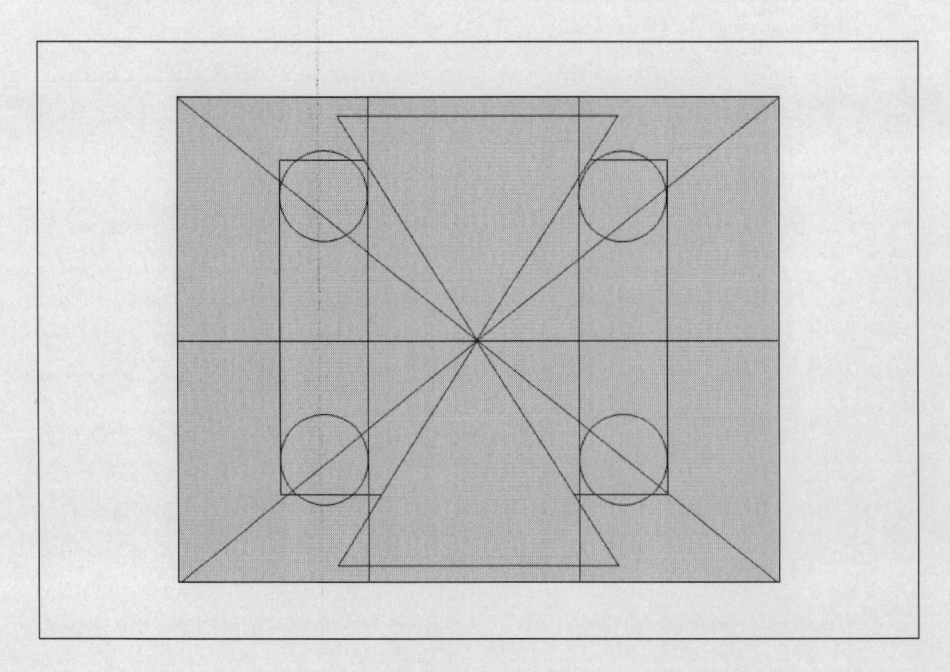

Capítulo 3 – O Instrumento da Avaliação 360°

É preciso simplificar e desmembrar a figura (o conceito) em partes, tornando-as simples, possíveis de serem mensuradas e de fácil compreensão, reduzindo a subjetividade. É como se fizéssemos a decomposição da figura em partes, conforme a seqüência de figuras apresentada a seguir.

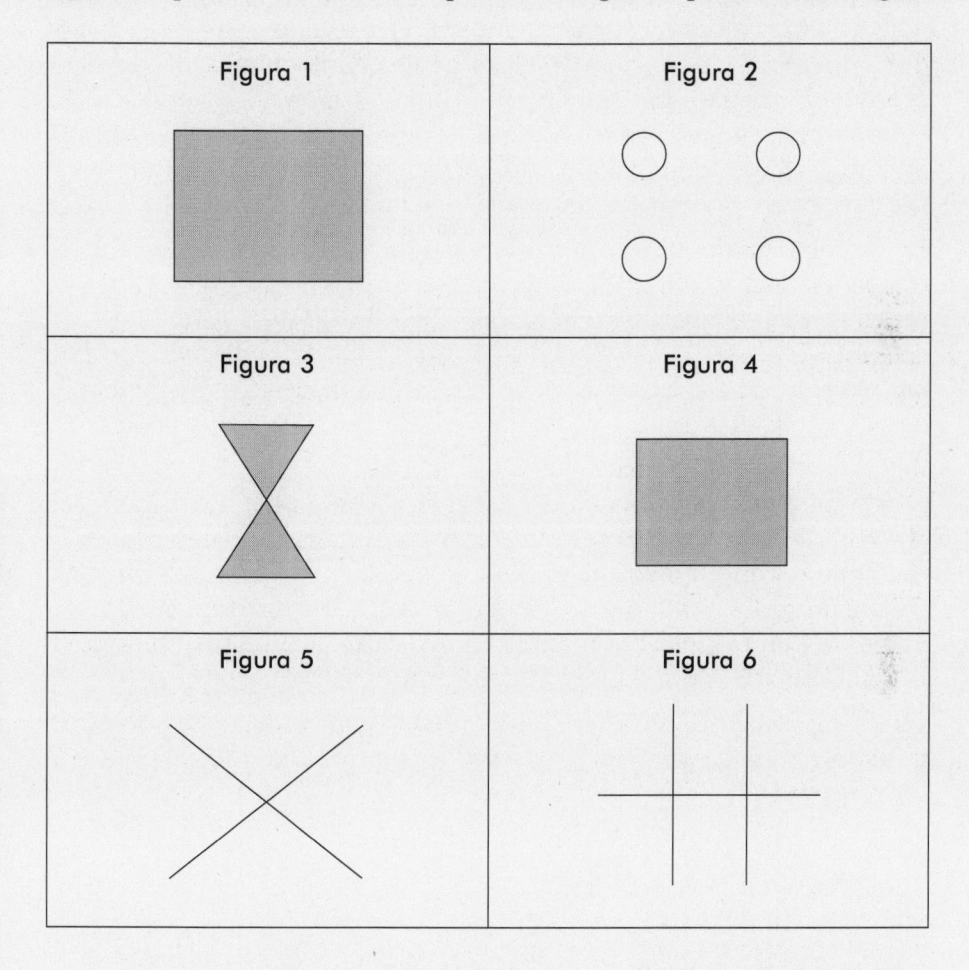

Figura 1	Figura 2
▬	○ ○ ○ ○
Figura 3	**Figura 4**
▶◀	▬
Figura 5	**Figura 6**
✕	＋

Usando essa técnica, é possível dizer que a Figura 1 é um retângulo de tamanho X, Y e com fundo cinza, a Figura 2 são quatro círculos alinhados de tal forma, e assim sucessivamente até a última figura.

Isso significa que, em vez de olhar para a figura completa, que é complexa de ser descrita, olhar para cada parte da figura isoladamente é mais simples, mais objetivo, mais específico, reduz a subjetividade e caso alguma parte dessa figura não esteja coerente com o desejado, por exemplo, se alguém descrever a Figura 1 como sendo um quadrado em vez de um retângulo, é possível de ser trabalhado aquele ponto em específico, dando um *feedback* preciso para a construção do resultado.

As Figuras de 1 a 6 representam, na realidade, os comportamentos da competência a ser analisada. Essa é a informação prática que o Gestor precisa ter em mãos para gerenciar a equipe. Como ele é o responsável pelo desenvolvimento de seus liderados, é preciso muni-lo de ferramentas práticas e que todos compreendam. Essa forma oferece ao Gestor exatamente qual o comportamento deve ser trabalhado.

Agora o desafio passa a ser como identificar os comportamentos necessários para a organização, para a função e como mensurá-los. Para isso, convido o leitor que não tenha feito a leitura do meu primeiro livro, *Aplicação Prática de Gestão de Pessoas por Competências*, publicado por esta mesma editora, a fazer a leitura do Anexo I antes de continuar a leitura deste capítulo, para facilitar a compreensão dos argumentos que serão utilizados no decorrer deste livro.

O Anexo I traz um breve resumo da Metodologia que desenvolvi chamada "Inventário Comportamental para Mapeamento de Competências" que permite o mapeamento das Competências Comportamentais da Organização e da Função, além da construção do instrumento da Avaliação de Competências, que pode ser, inclusive, a que discutimos neste livro, a Avaliação 360º ou de Múltiplas Fontes.

O Inventário Comportamental trabalha com Indicadores de Competências Comportamentais, que são os comportamentos que podem ser observados.

Cuidado com a Escala de Mensuração

Este tópico engloba a escolha da escala de mensuração, a Escala Evolutiva e as técnicas para a redução da subjetividade com a escala.

Quando pesquisei os instrumentos de avaliação aplicados nas empresas, basicamente encontrava um problema conjugado entre a falta de clareza da avaliação e a utilização inadequada da escala de mensuração.

O problema da falta de clareza já foi abordado. Quanto à escala, encontrei escalas que contemplava níveis de 1 a 4, de 0 a 3, de 0 a 10, dentre outras, ou esses níveis expressos por nomenclaturas como "Supera, Atende, Insuficiente, Poucos Indícios, Inexistente".

Quanto ao uso dos termos Atende, Insuficiente, Poucos Indícios ou Inexistente, de certa forma podem ser associados a uma escala numérica, mas o problema aqui não é exatamente a escala. Geralmente, essas respostas são associadas em avaliações de conceitos de competências, o que é prejudicial, como discutido no item anterior. Nesse caso, é compreensível a utilização inclusive da alternativa "Supera".

Mas se o instrumento de avaliação avalia os comportamentos e não a competência (isso é o ideal), a utilização do termo "Supera" ou similar é **inadequada**. Entenda o porquê.

Analisando um comportamento isolado, por exemplo, "ser cortês com os colegas de trabalho", eu posso apresentar esse comportamento todas as vezes que eu me relacionar com os meus colegas e fazer isso de forma exímia. Se uma função precisa desse comportamento, isso não significa que eu tenha ou faça esse comportamento de forma a superar, como proposto pelo item da escala "Supera". Eu tenho esse comportamento na plenitude se eu demonstrá-lo todas as vezes que se fizer necessário.

Analisando a competência que a esse comportamento se refere, Relacionamento Interpessoal, é possível que eu ofereça mais dessa Competência do que a função precisa, caso eu demonstre algum comportamento relacionado a ela e que não seja necessário para a função que eu desempenhe. Nesse caso, eu posso "superar" a expectativa dessa competência em relação à minha função, mas não do comportamento propriamente dito.

A Metodologia do Inventário Comportamental contempla essa característica, quando trata o NCCf e o NCCo, respectivamente o Nível de Competência do Colaborador em relação à Função e o Nível de Competência do Colaborador em relação à Organização. Veja o Anexo I.

Partindo do princípio da necessidade de avaliar o comportamento, não o título da competência, a escala correta tem um peso maior na contribuição de um resultado adequado.

A escala que eu utilizo é a escala de 0 a 5, portanto possui seis níveis. A vantagem é que ela não tem alternativa central quando aplicada em uma grade de respostas. Uma escala de 0 a 4, possui alternativa central, assim como uma escala de 0 a 6.

Já a escala de 0 a 3 não possui alternativa central, porém é curta demais para mensuração ponderada como deve ser para os objetivos da ferramenta, ao passo que escalas a partir da variação de 0 a 7, independente de possuírem alternativa central ou não, tornam-se longas demais, perdendo o foco na identificação do comportamento a ser avaliado.

Existem os defensores da escala de 1 a 5, mas ela é incoerente para a utilização de qualquer atividade de Gestão por Competências, pois além de ter alternativa central ela não permite a possibilidade de ter situação de um comportamento com nível 0, o que não é improvável. Outro detalhe é que uma das formas de apresentação do resultado de uma avaliação é uma representação gráfica, reforçando a incoerência dessa escala, pois o resultado seria um gráfico que começasse seu eixo das abscissas (eixo do x) em nível 1 em vez de 0, o que, convenhamos, é estranho.

Cabe ainda um registro sobre os princípios de uma avaliação através de indicadores, classificando-os como quantitativos e qualitativos.

Marcelino Tadeu de Assis, em seu livro *Indicadores de Gestão de Recursos Humanos*, também publicado pela Qualitymark, classifica os indicadores quanto aos seus tipos, que destaco:

- **Quantitativos:** retratam dados numéricos que expressam resultados de processos ou que desejamos manter controle, como *turnover*, custo médio de preenchimento de vaga, tempo médio de preenchimento de vaga, média de participantes por processo seletivo etc.

- **Qualitativos:** que expressam a opinião das pessoas, seus valores, ou julgamentos, enfim, as reações humanas, como, por exemplo, satisfação do requisitante no processo seletivo, qualidade do processo seletivo segundo a visão dos candidatos etc.

Ao avaliar um Colaborador pelos indicadores, estamos expressando nosso "julgamento", nossa percepção, portanto estamos em um processo qualitativo. Isso remete à subjetividade. Com isso nos deparamos novamente com o desafio de reduzir a subjetividade do processo.

A estratégia é permitir que o Avaliador associe em vez da nota ao comportamento inquirido a sua percepção. Isso, em tese, aumentaria a subjetividade do processo, que combatemos oferecendo uma orientação para auxiliar sua percepção, como a escala apresentada a seguir.

Alternativa	Referência	Equivalência em Pontos
Todas às vezes	100%	5
Muitas vezes	80%	4
Com freqüência	60%	3
Poucas vezes	40%	2
Raramente	20%	1
Nunca	0%	0

Dessa forma, o avaliador passa a analisar a freqüência com que o avaliado demonstra o comportamento pesquisado. Claro que ninguém ficará marcando a quantidade de vezes que o Colaborador demonstrou, mesmo porque a avaliação deixaria de ser qualitativa para ser quantitativa, além de ser impossível tal controle. A utilização dessa técnica vem demonstrando ser muito útil para os avaliadores.

A Escala Evolutiva

Outra técnica utilizada pelas empresas é a avaliação que mensura comportamento em vez do conceito, o que é bom. No entanto, utiliza uma escala evolutiva, o que não é recomendado para uma avaliação de percepção de comportamentos.

Essa avaliação tem uma estrutura similar a apresentada a seguir.

Indicador	Nível
Fornece as informações pertinentes à sua área àqueles que solicitarem.	1
Compartilha as informações, inclusive apresentando detalhes e orientando sobre a origem e a aplicabilidade.	2
Identifica a ausência de informações precisas para a execução de suas atividades.	3
Busca informações necessárias para suas análises, mobilizando pessoas em prol dos resultados.	4
Difunde a cultura do compartilhar informações, ampliando horizontes das pessoas de sua área.	5

No exemplo, o avaliador tem de escolher uma das opções que melhor se adequa ao Colaborador avaliado. Isso é inadequado para esse tipo de avaliação, pois essa técnica subentende que ao classificar um Colaborador no nível 4, por exemplo, ele tem todas as características referentes aos níveis anteriores plenamente desenvolvidas, e sem *gap* (necessidade de desenvolvimento), e isso não é necessariamente o que ocorre na vida real.

Por exemplo, eu posso mobilizar as pessoas em busca das informações que eu não tiver para a realização de meus trabalhos (o que seria nível 4), mas não compartilhar as informações com as demais pessoas (nível 3). Posso, ainda, praticar a máxima "faça o que eu falo, mas não faça o que eu faço", se, por exemplo, eu difundir a importância da cultura do compartilhar (nível 5), mas não der exemplo na prática dessas questões, não executando nem o esperado no nível 1.

E, ainda, essa técnica subentende que "o ser humano é um robô", pois considera que ou o avaliado faz ou não faz o comportamento e pronto (lógica binária do 0 ou 1, do sim ou não), mas na realidade não é assim que ocorre, pois eu até posso ter aquele comportamento, mas não em 100% das vezes, ou, ainda, posso demonstrar tal comportamento com freqüência, algo próximo a 40% das vezes, utilizando a referência da escala discutida anteriormente.

A técnica da escala evolutiva é apropriada para atividades de avaliação das funções para promover o equilíbrio interno da avaliação de cargos e salários, não para a Avaliação 360º ou de Múltiplas Fontes com o objetivo de mensuração das Competências dos Colaboradores.

Sensibilização, Patrocinadores e Cultura Organizacional

Muitos processos de avaliação ou de Gestão por Competências são interrompidos por detalhes como a falta da sensibilização, a não conquista de patrocinadores e o desrespeito à cultura organizacional.

A palavra Avaliação significa *"dar valor, determinar valor"*. Geralmente, temos pavor de avaliações, desde os tempos dos bancos de escola, pois culturalmente a avaliação foi sempre imposta e seguida de grande pressão, pois não podíamos "tirar notas baixas".

E esse não poder tirar notas baixas nos acompanha durante toda a vida, pois queremos ser o melhor, e, se não o melhor, no mínimo estar acima da média ou, ainda dependendo do assunto, ficar na média. Abaixo disso, jamais!

Portanto, ao implantar uma Avaliação nas empresas, esse trauma escolar provoca uma reação em cadeia, temor, pânico, medo e, quando o ser humano sente essas reações, ele aciona seu mecanismo de defesa. No caso de uma avaliação dos Colaboradores, é a rejeição, a não aceitação, o dizer que isso não leva a nada e tantas outras reações com as quais estamos cansados de conviver.

O cenário ideal é que esse clima não ocorra na empresa no momento da avaliação. Na realidade, o nome ideal, em vez de Avaliação, seria algo como *Identificação de Competências*, pois é de fato o que esse instrumento tem por objetivo gerar, e não aciona alerta do trauma da avaliação.

A avaliação propriamente dita deve ser absolutamente exclusiva do ser humano, pois há uma série de fatores a serem considerados que um instrumento frio, como é qualquer instrumento visto isoladamente, não tem o poder de análise e visão do ser humano.

O instrumento tem por objetivo ser os olhos, auxiliar na visão e na decisão, mas jamais decidir. A decisão é atribuída ao único ser racional que pensa e processa, diferente do computador que apenas processa (lembrando até a sigla CPU – unidade de processamento central).

Por esse motivo, é importante levar tal sensibilização aos Colaboradores envolvidos no processo, para que não haja receio, para que não crie clima de tensão e para que os resultados retratem informações menos subjetivas e mais próximas da realidade.

A pior informação não é a ausência de informação, pois isso já é uma informação precisa (você não tem a informação e pronto). A pior informação é a informação errada, que pode levar a uma decisão errada.

Daí a importância de trabalhar a sensibilização para que os dados extraídos pelo instrumento qualitativo, de viés subjetivo, possa ter informações precisas.

Se isso não for trabalhado, além do impacto nos resultados, estaremos afetando a Cultura Organizacional. Essa deve ser trabalhada e respeitada, o que não significa que é intocável, pois muitas vezes o nosso trabalho é justamente a mudança da cultura, por exemplo, uma empresa que tem uma cultura paternalista e precisa, por questão de sobrevivência, passar a ter uma cultura voltada a resultados.

Se não for executado um trabalho forte de sensibilização, a atual cultura paternalista se manifestará através de rejeições, sabotagens e descrédito. Mas ela pode ser alterada se for utilizada uma sensibilização estratégica, como a de "pai para filho" no caso, fazendo com que as pessoas enxerguem a necessidade de mudar. Claro que não é fácil, pois sempre existem os filhos rebeldes, mas algumas questões precisam ser feitas e devem ser feitas.

A Cultura Organizacional é algo incrível, pois seus detalhes não estão registrados em documentos, ninguém vê, mas ela está lá, presente e viva. E qualquer ação onde as pessoas sentem a existência de uma possível "ameaça" à cultura, instantaneamente ela se materializa em posturas, palavras, opiniões, heróis e mitos organizacionais.

Se ela não for trabalhada, o projeto fica no meio do caminho. E para trabalhar a sensibilização e cultura é preciso de patrocinadores, não financeiros, mas que dêem sustentação às ações e que apóiem por suas forças morais e políticas a sustentação do projeto.

Portanto, a sensibilização não é somente dos Colaboradores, mas também dos Gestores e da Alta Direção. Se a Alta Direção não estiver envolvida, é sinal de que ela não vê prioridade ou não quer a realização do projeto. Ressalta-se que a implantação de um projeto dessa envergadura exige engajamento de todos e prioridade de implantação.

Fica uma recomendação para os profissionais de RH: não fiquem acomodados ou conformados se sua direção não estiver patrocinando o projeto deixando-o de lado. Essa é uma postura de um "RH carneirinho, apático e fraco". Um RH Estratégico investe, argumenta, apresenta números, mostra necessidade e **conquista** o espaço e patrocínio.

Prioridade é quando investimos tempo e recursos. Se não houver tais investimentos, não é prioridade, é discurso, e ainda, discurso político.

Deixar Claro o Período da Avaliação

No processo de sensibilização, é preciso estabelecer alguns parâmetros, dentre eles, o período da avaliação. Não me refiro ao período de coleta da avaliação, que também é um compromisso importante a ser selado. É o período de observação dos comportamentos ou das características que compõem o instrumento de avaliação.

O desafio aqui é estabelecer que a análise deve ser feita de um passado recente e que não adianta dar uma percepção ou deixar influenciar-se por uma mágoa de uma atuação que ocorreu anos atrás.

Claro que não temos como certificar e garantir que isso não ocorra, afinal, não estaremos visualizando o que o avaliador estará considerando no momento da avaliação. Em outras palavras, corremos o risco de ter um processo subjetivo, mas que mais uma vez pode ser combatido quando incluímos mais de uma fonte para a percepção dos comportamentos de um avaliado. Isso ficará mais claro ao explorarmos o Capítulo 6.

Em geral, o período a ser considerado é a partir da data da última avaliação. Se você estiver implantando a primeira avaliação, como não há uma referência da última avaliação, recomenda-se a reflexão dos últimos 6 meses, no máximo 12 meses. Caso algum marco "divisor de águas" tenha ocorrido na empresa e dentro desse limite de 6 a 12 meses, essa é uma boa opção para auxiliar as pessoas a orientarem suas observações.

Implantação sem Associar a Remuneração

Nos treinamentos que realizo sobre Gestão por Competências, ao citar essa recomendação é normal ouvir um sonoro "Agora é tarde".

O instrumento que deve ser utilizado para impactar na remuneração é um instrumento que consiga identificar a real entrega do colaborador e sua contribuição para a organização, como, por exemplo, a metodologia que desenvolvi e registrada no meu segundo livro, *Avaliação de Desempenho com Foco em Competências – A base para a Remuneração por Competências*.

Associar uma "simples" Avaliação 360° à remuneração é injusto com a empresa, pois essa não identifica a entrega do Colaborador, correndo o risco de virar "campanha" entre os Colaboradores em prol de todos ganharem o aumento salarial.

Partindo do nome ideal da avaliação, citado anteriormente, que deveria ser algo como *Identificação de Competências*, ao associar o instrumento à remuneração, automaticamente ele muda de nome para "identificação do percentual de reajuste salarial". Como geralmente as pessoas não têm problemas para aceitar um aumento salarial, o processo corre o risco de perder o seu verdadeiro objetivo, que é ser a base para um "*Feedback* para Resultados", embora o resultado para alguns já tenham sido alcançados, devido ao aumento, mas não de fato, os resultados organizacionais (pousar o foguete na Lua).

Não que essa seja uma situação irreversível, apesar de difícil. No entanto, a solução é trabalhar na mudança da cultura através da sensibilização.

Cuidado para não Elaborar uma Avaliação de Potencial

O "*Feedback* para Resultados" não pode estar associado a uma avaliação que identifica Potencial. A avaliação precisa identificar o desempenho (a forma que executa) e os comportamentos na perspectiva das Competências Comportamentais.

Isso requer a construção de um instrumento **personalizado** com características ímpares para cada empresa, pois, se não for personalizado, provavelmente a avaliação é de Potencial e essa definitivamente não serve para o "*Feedback* para Resultados".

Para compreender o motivo, vamos considerar um teste que diz mensurar as competências do Colaborador, mas que não foi construído com as características específicas de sua empresa.

Primeira Reflexão

Você já ouviu que o significado de uma competência varia de empresa para empresa, ou seja, que o significado de Relacionamento Interpessoal para a minha empresa pode ser diferente do significado de Relacionamento Interpessoal para uma empresa concorrente à minha, que vende exatamente os mesmos produtos ou presta os mesmos serviços. Isso se deve ao fato que a Missão, a Visão, os Valores, a Estratégia e a Cultura dessas empresas são diferentes.

Tivemos um exemplo disso neste capítulo ao apresentar a definição da mesma competência feita por três autores distintos, no item "Propósito Claro e Específico".

SEGUNDA REFLEXÃO

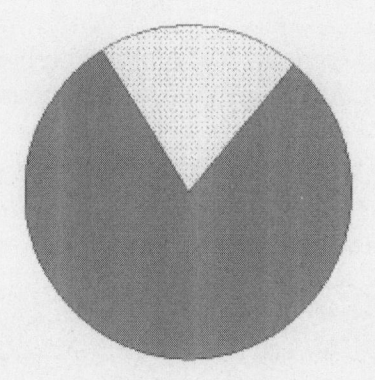

Amplitude do Conceito de uma Competência

Ao falarmos de uma competência, temos um universo representado por toda a circunferência da figura acima. O significado da competência para uma empresa está representado pela faixa mais clara e destacada da figura.

Se a faixa do significado de uma competência (faixa clara da figura) já varia se as empresas forem do mesmo segmento, conforme apresentado anteriormente, essa diferença ainda é maior se as empresas forem de segmentos diferentes, afinal, a Criatividade de uma empresa de Comunicação é diferente da Criatividade de uma empresa de Decoração, que é diferente da Criatividade de uma empresa de Logística.

TERCEIRA REFLEXÃO

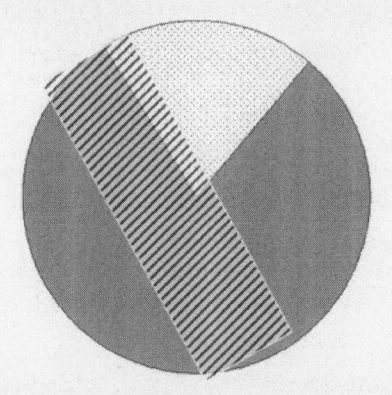

Utilização de um Instrumento não Personalizado

Ao utilizar um instrumento não personalizado, corremos grande risco de avaliar o Potencial do Colaborador para competência e, ainda, em um significado generalista. Isso é o que representa o retângulo da figura na página anterior, onde o foco da mensuração, de fato, mensurou a competência, mas não do significado da competência para o negócio da empresa.

Por mais que eu afirme que o retângulo representa o perfil dessa competência de um gerente comercial, apurado historicamente por inúmeras avaliações que possam ter sido aplicadas em diversos profissionais dessa função, existe a peculiaridade do negócio e da cultura, afinal, o perfil de um gerente comercial de uma empresa de bebidas é diferente do perfil de um gerente comercial de uma empresa de parafusos ou de moda íntima.

Avaliação de Competências não se trata de um teste psicológico. Um teste psicológico é um instrumento padronizado, constituído com base em procedimentos estatísticos, que visa a medir um ou mais aspecto da *personalidade* do avaliado por intermédio de amostras de rendimento ou comportamento (Anne Anastasi, *Testes Psicológicos*; 1977).

Os Gestores precisam de informações precisas, de acordo com sua realidade e linguagem de negócio para conduzir suas equipes, para dar o *Feedback* para Resultados.

Conclusão

Foram avaliadas questões (retângulo da figura da página anterior) que não são inerentes ao entendimento e à necessidade da competência da empresa (faixa clara da figura), mas todas elas fazem parte do universo dessa competência (estão dentro da circunferência), uma avaliação não personalizada avalia Potencial e não o Desempenho, base para o "*Feedback* para Resultados" (pousar o foguete na Lua).

Relembrando, potencial significa *"respeitante a potência; virtual; possível"*, ou seja, a avaliação identifica aquela competência em nível de ser possível ser demonstrada pelo Colaborador e que tem potencialidade para tal, porém o que importa é o potencial no sentido que a organização precisa e não de forma generalista.

Não sou contra os instrumentos de avaliação potencial, mas sou contra sua utilização no momento da avaliação de desempenho da perspectiva comportamental. Para orientação profissional ou finalidades similares, eles são excelentes instrumentos, mas não podemos dar uma roupagem nova às teorias e fazer delas a prática da atualidade. Um dia, no passado, elas trouxeram contribuições. Atualmente, o mercado exige customização e personalização. Os instrumentos de Gestão de Pessoas precisam seguir o mesmo caminho, pois são as pessoas que fazem a estratégia e a competitividade das empresas acontecerem e valerem.

Uma alternativa para a construção do instrumento de Avaliação de forma personalizada, e de acordo com a realidade da empresa, é a aplicação da Metodologia do Inventário Comportamental para Mapeamento de Competências, resumida no Anexo I, que analisa Desempenho e Potencial, no entanto, no significado da competência para a organização.

Cuidados na Coleta

A coleta da avaliação é um ponto estratégico e que precisa ser tratado com atenção para que haja a redução da subjetividade.

O primeiro ponto é que um avaliador somente pode avaliar uma pessoa se realmente conviver com ela. Se isso não ocorrer, a avaliação se tornará um "chute" que irá gerar uma informação errada e vimos que uma informação errada é pior que a falta de informação.

Isso significa que não obrigatoriamente deva ser o superior a avaliar um Colaborador. Algumas funções possuem vários Colaboradores e seus supervisores, coordenadores até chegar ao gerente. Não é o gerente que deve avaliar, pois, apesar de ele ser o superior do avaliado, o avaliador não tem contato direto que o habilite a realizar tal tarefa. Não é exagero dizer que muitos sequer se lembram dos nomes desses Colaboradores.

Se não convive, não avalie. A recomendação é que a avaliação seja feita pelo superior imediato do Colaborador. Mesmo que exista uma liderança informal, é melhor que o Colaborador avalie do que alguém que não tenha condições de fazê-lo.

Há casos que um gerente comercial possui uma equipe com 100 vendedores que atuam na rua. Nesse caso, as condições de uma avaliação comportamental são mais restritas e não há como forçar a barra e dizer que é possível ser feito como indica a teoria. Além disso, a avaliação comportamental deve ser feita efetivamente dos itens que o Gestor tem as mínimas condições de observar. Neste caso, a Avaliação de Desempenho com Foco em Competências, pela própria natureza da empresa, para essa função, deverá focar características mais as técnicas e de resultados. A parte comportamental poderá ser observada pelos clientes através de uma avaliação, não na estrutura de uma avaliação comportamental como estamos tratando neste livro, mas através de uma pesquisa de satisfação de clientes. Essa pesquisa deve servir como referência na composição do Coeficiente de Desempenho do Colaborador na perspectiva Resultados, gerando insumos precisos para o *"Feedback* para Resultados".

A dispersão no momento da coleta é outro problema grave e tem impacto na qualidade dos resultados. Permitir que o avaliado responda a avaliação em sua mesa de trabalho ou mesmo em casa através da Internet uma "roupagem moderna", mas que pode gerar problemas.

Por exemplo, permitindo que a coleta da avaliação seja feita em casa, via Internet, não temos a garantia de que seja o Colaborador que está respondendo. Mas partindo que esse não seja o problema, não temos como garantir que ele não esteja sob influência de um problema em sua casa, como uma "simples" discussão com a esposa ou com o marido que, em um desabafo, diz algo como "Tenho que ir ao computador para fazer um trabalho da empresa" e essa simples fala se transforma na fagulha da discussão. Mesmo com a discussão, ele vai ao micro e responde à avaliação, com toda a ira e "obrigatoriedade".

Por outro lado, nem todos os casais têm esses problemas e, por exemplo, podem ir juntos responder à avaliação e um começar a influenciar o avaliador oficial, por aspectos de convivência social ou pelas simples histórias compartilhadas pelo casal ao fim do dia.

Já, se a avaliação for realizada na mesa de trabalho do avaliador, via seu terminal, na Intranet ou mesmo via Internet, muito provavelmente o telefone irá tocar, alguém irá interromper, enfim, alguma questão irá tirá-lo da concentração da realização de tal tarefa. Também muito provavelmente, essas questões serão mais prioritárias (ou menos sacrificantes) que responder à avaliação.

Qual a conclusão que todos já conhecem: atraso na entrega das avaliações ou correria de última hora.

Não quero com isso pregar a volta do papel, em nenhuma hipótese, mas quero propor uma técnica para melhorar a qualidade da coleta, chamada "sala de coleta". Nesse processo, os avaliadores têm horário marcado para estarem em uma sala onde realizarão a avaliação, sem interrupções, telefones ou celulares, realizando com concentração as avaliações.

Apesar de nem sempre ser possível, a implementação da sala de coleta tem demonstrado grande valia e contribuição à qualidade do processo nas empresas em que atuei.

A Devolutiva

De nada adianta avaliar e não apresentar o resultado da avaliação ao avaliado. É como realizar um exame clínico, o médico ter acesso ao resultado e não dizer o resultado a você.

Uma avaliação gera expectativa e ansiedade no avaliado. A devolutiva é o momento de apresentar os resultados ao avaliado e da utilização do "*Feedback* para Resultados", discutindo questões específicas, de interesse da empresa e do Colaborador para atingir as metas organizacionais e, por que não, as pessoais.

Estudaremos detalhes da devolutiva de uma avaliação com profundidade no Capítulo 6.

Número de Avaliadores e Anonimato

O conceito de avaliação de múltiplas fontes, como visto, requer no mínimo duas visões, do próprio avaliado e de seu superior imediato. Claro que, com mais avaliadores, é cada vez maior a tendência de redução da subjetividade.

Por outro lado, não podemos cometer o "pecado da gula", ou seja, em uma empresa que nunca passou por nenhum momento de avaliação iniciar com uma 360°. Não que não seja possível, pois tenho clientes que já fizeram isso, mas há a necessidade de grande investimento de sensibilização, principalmente dos Gestores.

Há também o caso de empresas em que presenciei uma grande resistência em ouvir a avaliação dos subordinados, chegando ao ponto de ouvir e não considerar a avaliação.

Essa é uma questão cultural e desejo da direção, que deve ser discutida e ponderada. Uma opção é iniciar pela avaliação do superior e auto-avaliação, menos disso é inviável. Em algumas funções, pode ser acrescentada a visão dos pares, dos clientes ou dos fornecedores internos, ou até mesmo dos subordinados. Aliás, essa seria uma postura louvável do RH: permitir que a sua área, mesmo em uma primeira avaliação, tenha a Avaliação 360°.

Não há um número certo de avaliadores para cada grupo, pois a primeira questão a ser respeitada é que o avaliador conviva com o avaliado. Isso porque se não tiver o contato direto, o avaliador não terá condições de executar de forma correta a avaliação.

Não devemos cometer o exagero, nem da quantidade de avaliadores de um mesmo avaliado, nem fazendo com que um avaliador tenha que avaliar muitos Colaboradores.

Um número razoável, mas insisto que não é regra, seria um avaliador avaliar, no *máximo*, 12 a 15 pessoas. Mais que isso é sacrificante.

Já um avaliado, em um formato de Avaliação de Múltiplas Fontes, seria interessante ter, no *mínimo*, 5 avaliadores. Apesar de não ter um número exato, caso a avaliação chegue até a 360°, o recomendado é ter, no *máximo*, 15 avaliadores, o que significa 2 ou 3 avaliadores por grupo de avaliação, exceto a auto-avaliação, por motivos óbvios.

Uma questão muito discutida pelas empresas é a necessidade da confidencialidade dos avaliadores. Quando questionado sobre isso, costumo dizer que a resposta está na cultura da empresa e, a possibilidade em ter a confidencialidade dos avaliadores, está relacionada com o tamanho e com a estrutura da empresa.

A questão cultural é que a empresa pode ter uma flexibilidade e ambiente preparado para o *feedback* e as pessoas saberem, ou não se importarem em saber, quem são os seus avaliadores.

Por outro lado, algumas empresas, geralmente de estrutura mais formal, demonstram um grande incômodo de seus Colaboradores, caso isso venha ocorrer. Nesse caso, a solução é passar para o RH ou Consultoria que estiver conduzindo esse processo à rede de relacionamento de cada Colaborador a ser avaliado e, através de critérios a serem estabelecidos com a empresa, ter a forma de seleção automática dos avaliadores, sem que eles sejam identificados.

Já em uma pequena empresa, ou unidade de negócio de uma grande empresa com uma estrutura reduzida nessa unidade, não há como não saber quem está avaliando quem. Afirmar o contrário é tentar enganar-se. Nesse caso, a recomendação é trabalhar fortemente a sensibilização da necessidade da avaliação e os benefícios trazidos por ela.

Grupos de Avaliadores

Para efeito de registro, segue a relação dos grupos de avaliadores que compõem uma Avaliação 360° ou Avaliação de Múltiplas Fontes.

Grupo	Quem são (é)
Auto-avaliação	É o próprio colaborador que está sendo avaliado.
Superiores	É o chefe imediato do avaliado. O termo está no plural (superiores), pois é possível haver mais de um nível de reporte de uma função, apesar da contestação de algumas teorias, mas sabemos que isso ocorre freqüentemente nas empresas.
Pares	O mercado se refere a este grupo como sendo pessoas de mesmo nível hierárquico na empresa, como, por exemplo, Gerente Financeiro e Gerente de Produtos como sendo pares. Essa não é a forma que utilizo. Nos trabalhos que tenho realizado, procuro dar uma visão diferente para o grupo dos pares. Compõem este grupo os Colaboradores que sejam exatamente da mesma função que o avaliado ou que, apesar de possuírem funções diferentes, seu trabalho seja uma continuidade ou parte integrante da função do avaliado. Nesse caso, os Gerentes não possuem pares, exceto se a empresa tiver filiais ou unidades de negócio.
Subordinados	São os colaboradores que fazem reporte ao avaliado.
Clientes Internos	São os colaboradores das funções para quem o avaliado gera informações, ou presta serviços internos.
Fornecedores Internos	São os colaboradores das funções que o avaliado recebe informações ou serviços para executar seu trabalho.

Um Processo de Avaliação Deve Começar pelo Mapeamento de Competências

Parece uma questão lógica e óbvia, mas na prática é comum empresas manifestarem o desejo de implantar uma Avaliação 360° sem necessariamente fazer o mapeamento das competências.

Nesse caso, a empresa cairá na subjetividade e não aplicará os recursos de investimento de forma racional. Agindo dessa forma, como o caso discutido anteriormente da Avaliação de Potencial, a empresa corre o risco de pesquisar questões genéricas sobre competências ou que não representem necessariamente a realidade e a necessidade do seu negócio.

Portanto, faça um processo estruturado que sirva como base para todos os subsistemas de Recursos Humanos, iniciando pelo Mapeamento de Competências. Antes de tudo, essa atitude é racional e estratégica.

Capítulo 4 — A Arte de Dar *Feedback*

Ao iniciar este capítulo, dediquei alguns momentos refletindo qual seria o nome mais adequado. Acredito ter sido feliz para adjetivar a capacidade que uma pessoa tem para dar *feedback*.

Na vida existem muitos artistas, e alguns deles fazem de sua arte uma experiência única, por isso, são admirados. Infelizmente, não os encontramos com freqüência. O lado bom é que podemos ter neles inspiração e buscar ser, no mínimo, um profissional que se esforça para dominar esta arte.

Na realidade, dar *feedback* é uma tarefa não muito fácil e requer preparo, desenvolvimento, auto-análise, percepção aguçada, sensibilidade, foco, treinamento, mais treinamento e mais treinamento.

O objetivo deste capítulo é apresentar algumas diretrizes básicas para servirem como referências e apresentar uma seqüência didática e reflexiva para que você possa desenvolver essa arte, e que isso possa trazer resultados para seu trabalho e para sua vida.

Tenha consciência de que não é uma tarefa fácil e requer preparo, desenvolvimento, auto-análise, percepção aguçada, sensibilidade, foco, treinamento, mais treinamento e mais treinamento. Em resumo, requer persistência.

No Capítulo 2, apresentamos que o *feedback* tinha dois momentos: "*Feedback* do dia-a-dia" e o "*Feedback* como Devolutiva de uma Avaliação". As questões apresentadas aqui são referentes ao *feedback* do dia-a-dia, apesar de que essas técnicas também deverão ser aplicadas no momento da devolutiva, porém com uma ênfase mais específica e serão discutidas no Capítulo 6.

O *feedback* do dia-a-dia envolve dois interlocutores: o que dá o *feedback* e o que recebe o *feedback*. Receber *feedback* será o assunto do próximo capítulo, mas não é possível dar *feedback* se a Cultura do *Feedback* não fizer parte da Cultura Organizacional. Essa cultura engloba o dar e receber *feedback*.

Aqui entra um importante papel dos engenheiros da fábula do foguete, o RH. Implantar essa cultura é fundamental, pois se não for implantada o *feedback* terá ar de punição ou de intromissão. Por melhor que seja o artista, se não houver a cultura do receber *feedback*, ele deverá começar cativando o público através de pequenos e estratégicos movimentos.

Algumas lembranças relatadas quando apresentamos a fábula do *feedback* e a relação com o mundo corporativo precisam estar internalizadas no Gestor (o artista) ao dar o *feedback*:

1. *Feedback* é uma informação não adjetivada e "não acompanhada".
2. *Feedback* é uma informação, não é opinião.
3. *Feedback* é uma informação, não é "Bronca".
4. *Feedback* é uma informação, não é sugestão ou conselho.
5. "Bata o ferro enquanto estiver quente."

Se isso estiver claro, temos o primeiro passo. Caso não esteja, refaça a leitura do primeiro capítulo e reflita antes de dar continuidade a leitura deste capítulo.

Para que Dar *Feedback*

Dar *feedback* serve para atender a dois objetivos:

- Estimular que um comportamento adequado se repita, o chamado **Feedback Positivo**.

- Corrigir um comportamento inadequado, com a finalidade que ele não ocorra novamente, o chamado **Feedback Corretivo**.

Para ambas as aplicações, o *feedback* continua seguindo os princípios básicos apresentados acima, ou seja, *feedback* é uma informação.

Contudo, existem variações desses *feedbacks* que estudaremos ainda neste capítulo, mas, por ora, essa é a informação de que precisamos para darmos prosseguimento à montagem do roteiro para a atuação do grande artista do *feedback* que vamos desenvolver: você!

A Responsabilidade do Comportamento é de Quem o Realizou

Ao dar *feedback* que visa à mudança de comportamento, a responsabilidade pelo ato a ser corrigido é de total responsabilidade que quem o gerou e não pode ser amenizado por quem dá o *feedback*.

Se eu tenho de entregar um relatório de fechamento de mês de vital importância para a organização e não o faço, ao dar o *feedback*, a responsabilidade de não ter feito é exclusivamente minha. Ao receber o *feedback* de meu superior, ela não pode ser amenizada. Amenizar significa compartilhar e dar um tom que esse *feedback* não era tão importante assim. Ora, se não era importante, seja mais produtivo e não dê o *feedback*, afinal, para que você irá dar um *feedback* de algo que não é importante? Isso é ser implicante.

O exemplo apresentado no livro de Hunter e já citado neste livro, traz o exemplo do assumir a responsabilidade que Welch teve com Immelt: "Eu amo você, sou seu maior fã! Mas você é responsável pelo pior ano da empresa". Welch poderia ter dito algo como: "Olha Immelt, sei que a situação está difícil, o dólar está sofrendo um impacto com o Euro e..." mas não! Ficou muito clara a responsabilidade de Immelt pelo ocorrido, e é exatamente assim que precisa ser feito para ter "*Feedback* para Resultados".

O que não é aceitável, é exigir sem oferecer condições de execução. Nesse caso, existe um problema no momento do empenho da meta. Empenho é assumir o compromisso, dar a palavra em penhor. Se não for possível executar a meta, então negocie no momento do empenho. Certamente isso afetará positivamente sua reputação de forma mais intensa que a reputação negativa por ter condições de fazer e não fazer.

Isso requer do Gestor que não seja acomodado, pois se isso ocorrer, ele também terá sua meta não atingida e terá que assumir a responsabilidade por isso.

Por exemplo, se tenho uma equipe comercial com cinco vendedores e preciso fechar o mês com 150 vistas, cabe a cada vendedor 30 visitas no mês. Não adianta eu esperar o final do mês para cobrar do meu vendedor que fez somente cinco visitas, em vez de 30. O gestor precisa acompanhar e logo na primeira semana ou mesmo nos primeiros dias, ao observar que o ritmo está fora do programado, precisa atuar junto ao seu vendedor e checar o que está acontecendo. Se ele não fizer isso, a responsabilidade de fazer as 150 visitas e elas não terem sido realizadas deverá ser cobrada do Gestor.

O Gestor Deve Acompanhar e Prover Recursos

O gestor deve logo nos primeiros dias fazer o acompanhamento da evolução de cada vendedor e chamá-lo para compreender o que está ocorrendo, não fazendo como o velho ditado, "fechar a porteira depois que a boiada passou". É tarde demais. O gestor deve, portanto, prover sua equipe dos recursos necessários para que os objetivos sejam atingidos. Se ele fizer isso, a responsabilidade pelo não atingimento das metas é exclusivamente de quem gerou o fato, e essa responsabilidade não deve ser compartilhada pelo gestor no momento do *feedback*.

O *Feedback* Deve Ser sobre o Comportamento e não sobre o Resultado

O *feedback* sempre deve ser sobre o comportamento e não sobre o resultado. Geralmente, damos *feedback* sobre o resultado e isso não incentiva a repetição de um comportamento, no caso de um *feedback* positivo. O mesmo ocorre no caso de um *feedback* corretivo, pois o foco em ambas as situações passa a ser o resultado e, na realidade, o resultado é apenas um coadjuvante da situação.

Para facilitar a compreensão e evitar que o texto fique confuso, os comentários ilustrativos que utilizarei a seguir serão referentes ao *feedback* positivo, mas a análise serve igualmente para o *feedback* corretivo.

Ao dar o *feedback* positivo focando resultado, estaremos estimulando a repetição do resultado e não do comportamento que levou ao resultado.

A princípio, parece que estamos falando da mesma coisa, ou que a ordem dos fatores não altera o produto. Na realidade, são questões diferentes e que levam a resultados diferentes.

Estimulando o Colaborador a repetir o resultado, esse passa a ser a figura principal. A valorização, glória ou foco é o resultado, por melhor

Capítulo 4 – A Arte de Dar Feedback

que seja sua intenção ou convicção em afirmar que não, não há como não permitir que a mensagem gravada no cérebro da pessoa seja o resultado.

Agindo assim, a possibilidade de essa pessoa ter outros excelentes resultados ficam limitados àquela realização propriamente dita, ou seja, a repetição desejada acontecerá mais uma vez, certamente quando ocorrer o mesmo trabalho que culminou no resultado estimulado.

O impacto do estímulo do resultado em outros resultados que não tem como origem o mesmo trabalho realizado até poderá ocorrer, mas será mínimo, pois você estimulou que a pessoa se tornasse um especialista na realização daquela tarefa específica que trouxe aquele resultado específico.

Como sua empresa e seus Colaboradores precisam gerar outros resultados e não apenas o específico da tarefa que você estimulou, em vez de estimular o resultado, o foco deve ser o estímulo do *comportamento que levou àquele resultado*.

A razão é simples. O comportamento que o Colaborador teve, que levou ao resultado que foi satisfatório e merece destaque, certamente é comum a outras atividades, projetos, tarefas ou responsabilidades que o Colaborador precisa realizar. Ao estimular o comportamento, o foco passa a ser o comportamento gerado. Seu realizador, o Colaborador, passa a ser o foco de atenção e do *feedback*. Como personagem principal e agora com os devidos méritos reconhecidos e estimulados, em seu cérebro é gravada uma mensagem de que ele realmente é um especialista naquele comportamento. A valorização, glória ou foco é o seu comportamento.

Como conseqüência natural, o Colaborador motivado desejará repetir aquele comportamento em todas as oportunidades que forem disponibilizadas.

Por realizar diversas tarefas, atividades, responsabilidades que têm em comum o comportamento estimulado, acabamos de gerar um fator multiplicador dos resultados que poderá alcançar. Não há como isso não acontecer!

Veja a abrangência do que é um estímulo do comportamento! É como se fosse uma reação em cadeia e falo isso de experiência própria. Isso é

"*Feedback* para Resultados", ao pé da letra, no plural e não "*Feedback* para Resultado", no singular.

Um *feedback* corretivo sempre é amargo, tanto para quem dá quanto para quem recebe o *feedback*, mas há uma dica importantíssima que deve ser aplicada nesse caso:

> *Após um feedback corretivo, focado no comportamento, busque incansavelmente no colaborador que recebeu esse feedback um sinal de mudança de seu comportamento. Se não encontrar, faça o papel do orientador, pois essa é sua obrigação como Gestor. Encontrando, aplique, na primeira oportunidade, o feedback positivo, focado no comportamento, pois o efeito da reação em cadeia do comportamento estimulado permitirá um impacto incrivelmente satisfatório no desenvolvimento desse Colaborador e nos resultados organizacionais.*

Os exemplos apresentados foram utilizando o *feedback* positivo, mas a mesma analogia vale para o caso de um *feedback* corretivo, porém, em vez de estimular que o comportamento ocorra novamente, a reação em cadeia é evitar que o comportamento não adequado se espalhe contaminando os demais resultados.

A técnica de como dar o *Feedback* Positivo e o *Feedback* Corretivo serão apresentadas mais adiante. Vamos conhecer uma variação dos *feedbacks* positivo e corretivo.

Variações dos Tipos de *Feedback*

Vimos que o *Feedback* Positivo é aquele que tem como finalidade estimular a repetição de um comportamento, ao passo que o *Feedback* Corretivo, é aquele que o objetivo é evitar que um comportamento inadequado volte a ocorrer.

Cada um desses *feedbacks* possuem uma variação, que é a sua aplicação incorreta. Falaremos dessas variações a seguir.

FEEDBACK *NEGATIVO*

Esse tipo é uma variação do *Feedback* Corretivo aplicada de forma errada. Isso ocorre quando o *feedback* não tem somente a informação, vindo acompanhado de uma emoção de origem negativa, como raiva, agressividade, ironia, dentre outras.

Um *Feedback* Negativo pode já nascer negativo, quando a informação é passada com a agressividade, algo como "Onde já se viu levar dois dias para fazer esse relatório que poderia ser feito em duas horas!".

Também é muito comum um *Feedback* Negativo ser o resultado de uma mutação não desejada de um *Feedback* Corretivo. Ele começa realmente sendo do tipo corretivo, em que quem está dando o *feedback* passa uma informação ao seu interlocutor. Mas, logo após a vírgula que separa a informação do *feedback* da conclusão da frase, ocorre algo inexplicável ou imperceptível ao porta voz, porém extremamente notório ao seu interlocutor, que transforma aquela informação em algo tão agressivo que seu interlocutor tem a sensação de estar levando um soco no estômago de um pugilista campeão mundial de uma série de categorias unificadas. É algo realmente marcante (para quem recebe o *feedback*). Por exemplo: "Fulano, o relatório de fechamento do mês normalmente é preparado em umas duas horas, (olha a vírgula) o que aconteceu dessa vez?! Será que você vai precisar da ajuda da Tia do Café até para isso?".

Imagino que todos já devam ter recebido algum *feedback* negativo na vida, até dado e, quem sabe, vários deles. Mas o problema desse tipo de *feedback* é que ele afronta o receptor e sua energia perde o foco da resolução e passa a atuar na defesa ou na indignação do ocorrido.

Mesmo que o relatório do exemplo pudesse ser feito em 2 minutos, em vez de 2 horas, a primeira coisa a fazer é, no mínimo, perguntar o que ocorreu e ouvir. Não quero dizer que você deva ficar com um empregado (no exemplo, não cabe a classificação Colaborador) que não corresponde. Não é isso que pregam as práticas do *feedback*. Você não precisa ficar com um funcionário que não atenda às expectativas da empresa, mas não temos o direito de humilhá-lo. Simplesmente dispense-o, deixando claros os motivos que levaram a tal decisão.

Não é possível corrigir um comportamento com tom de agressividade ou humilhação. Para isso, é preciso estar preparado no momento de dar o *feedback*.

FEEDBACK *INSIGNIFICANTE*

Esse tipo é uma variação do *Feedback* Positivo aplicada de forma errada. Basicamente, ocorre em duas situações.

A primeira situação refere-se àquele tipo de comentário que era melhor não ser feito e que, muitas vezes, alguém insiste em dizer que é um elogio ou um *feedback* positivo. Geralmente são usadas expressões como "Ôô!!! Legal isso, hein?!", "Ficou bom. Parabéns!" ou "Valeu!".

A segunda situação é quando a pessoa que dá o *feedback* não enfatiza o comportamento a ser repetido ou dá ênfase a qualquer outro componente durante o *feedback*.

Esse tipo de *feedback* que tinha a intenção de estimular a repetição do comportamento acaba ficando muito superficial e sem aderência, o que acaba não sendo registrado no cérebro do receptor e, por conseqüência, dificilmente será repetido pelo baixo estímulo recebido.

Há autores ou consultores que classificam os *feedbacks* em uma série de títulos ilustrativos. Não tenho absolutamente nada contra a essa utilização ou nomenclatura. O fato é que os tipos Positivo e Corretivo e suas respectivas variações Insignificante e Negativo, traduzem a essência necessária ao Gestor que irá trabalhar com o *feedback* de forma simples, prática e resumida.

O Ápice de um Artista: Mudar um Comportamento Indesejado pelo *Feedback* Positivo

A excelência na arte de dar *feedback* é atingida quando você conseguir mudar um comportamento indesejado através de *feedbacks* positivos em vez dos corretivos. A princípio, é algo difícil de ser imaginado, mas amplamente defendido por Richard L. Williams em seu livro *Preciso saber se estou indo bem*.

Recomenda-se essa literatura àqueles que queiram realmente passar a usar o *feedback* como uma ferramenta para o desenvolvimento da sua equipe ou mesmo no âmbito particular.

A mudança de um comportamento indesejado pelo *feedback* positivo é lenta. Toda mudança de comportamento é lenta por natureza, pois temos o hábito (vício) de agir de uma determinada maneira e, de repente, nos deparamos com uma necessidade de mudar. Essa mudança leva algum tempo para ocorrer. É como "reaprender a aprender", que significa que precisamos esquecer como é o aprender para que possamos aprender novamente. Esquecer o que já sabemos gera alguns conflitos internos e precisamos evitar o processo de comparação, pois, se isso ocorrer no exemplo de reaprender a aprender, pode significar resistência. Para vencer ou romper essa resistência, precisamos de tempo.

Isso não significa que a mudança de um comportamento indesejado pelo *feedback* positivo seja obrigatoriamente mais lenta que a do *feedback* corretivo. O fato é que no mundo organizacional geralmente os Gestores e a própria organização não dispõem do tempo necessário para gerar a mudança no colaborador que recebe o *feedback*, que não é um tempo padrão, pois cada um tem um ritmo de processamento e de resolução dos seus conflitos internos. Assim, há a crença de que o *feedback* corretivo é mais pontual e tem um resultado melhor.

Particularmente, acredito que a mudança de um comportamento indesejado pelo *feedback* positivo é mais eficaz em questões que não envolvam aspectos comportamentais referente a uma organização, em função da pressão que todas as empresas têm com a concorrência, a globalização, o nível de exigência do cliente, enfim a corrida contra o tempo nesse terceiro milênio.

Isso não significa que eu não acredite na mudança pelo *feedback* positivo, mas entendo ser uma necessidade atual dos Gestores a ênfase na busca de resultados. Deve-se evitar, mesmo que emergencialmente, comportamentos indesejados e, nessa ótica, o *feedback* corretivo aplicado da forma correta, permite tal feito.

A Técnica de Richard L. Williams

Vejamos um exemplo da técnica a ser aplicada para a mudança de um comportamento indesejado pelo *feedback* positivo.

Uma pessoa tem um comportamento que não é o adequado. Em vez de dar um *feedback* corretivo, inicie uma fase de observação intensiva procurando algum comportamento que mereça um *feedback* positivo, ainda que não seja algo tão expressivo, mas que justifique tal *feedback*, independente de ser do comportamento a ser corrigido ou não. Se for, melhor ainda. Em vez de dar o *feedback* corretivo, aplique um *feedback* positivo, dando ênfase ao comportamento e não ao resultado como já mencionamos. Williams sugere o seguinte roteiro:

1. Descreva um comportamento específico.
2. Descreva as conseqüências do comportamento.

3. Descreva como você se sente em relação ao comportamento.

4. Descreva por que você se sente dessa forma.

A pessoa ao receber esse *feedback*, mesmo de algo pequeno que tenha executado, desde que o *feedback* seja do seu comportamento, irá disparar a reação em cadeia que vimos que ocorre ao receber um *feedback* positivo.

O centro da técnica é continuar aplicando *feedbacks* positivos a cada detalhe que seja observado para que mais reações em cadeias sejam disparadas e assim até chegar ao ponto de melhoria desejado onde efetivamente ocorre a mudança do comportamento indesejado apenas com a aplicação de *feedback* positivo.

É possível chegar a esse ponto, mas requer tempo, estratégia, paciência, persistência e dedicação do Gestor. Acredito que muitas empresas não dispõem do tempo necessário para reaprender a aprender o comportamento. As que se dispuserem a aplicar essa técnica certamente terão Colaboradores mais motivados e alinhados e comprometidos com a organização de forma mais espontânea.

Para a vida particular, relacionamentos familiares, em específico com esposas, esposos ou filhos, não tenho a menor dúvida de que o *Feedback Positivo* seja a forma ideal e perfeita para a mudança de um comportamento indesejado. Retomando a frase do início deste capítulo, o *feedback* positivo para a mudança de um comportamento indesejado requer, além de ser um artista consagrado, "preparo, desenvolvimento, auto-análise, percepção aguçada, sensibilidade, foco, treinamento, mais treinamento e mais treinamento" e tudo isso elevado ao quadrado, como se diz popularmente.

Alternativa da Técnica para o Mundo Corporativo

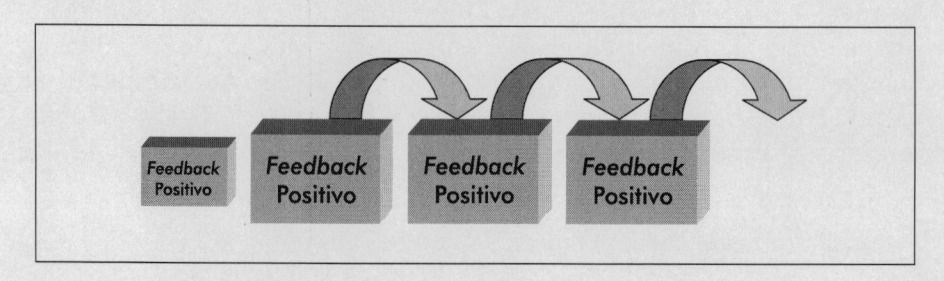

Após um feedback corretivo, focado no comportamento, busque incansavelmente no Colaborador que recebeu esse feedback um sinal de mudança de seu comportamento. Se não encontrar, faça o papel do orientador, pois essa é sua obrigação como Gestor. Encontrando, aplique, na primeira oportunidade, o feedback positivo, focado no comportamento, pois o efeito da reação em cadeia do comportamento estimulado permitirá um impacto incrivelmente satisfatório no desenvolvimento desse Colaborador e nos resultados organizacionais.

Para o mundo organizacional onde temos a pressão do tempo, acionistas, concorrências, clientes, dentre outras, não dispomos de tempo suficiente para promover a mudança de um comportamento apenas pelo *feedback* positivo. A alternativa é fornecer o *feedback* corretivo, para que o Colaborador tenha a consciência de que tal conduta é prejudicial e para evitar que o comportamento seja aplicado em situações, tarefas ou responsabilidades similares. Então, entra a técnica do *feedback* positivo com o objetivo de disparar a reação em cadeia. Essa reação, por sua vez, deve ser constantemente estimulada, para que novas reações em cadeias sejam disparadas.

O *Feedback* como Combustível da Motivação

O objetivo deste livro não é discutir a motivação, porém é necessário um ponto de reflexão de uma das aplicações do *feedback*.

Motivar
Dar motivo; levar, induzir, incitar, mover.

Motivação = Motivar para a Ação
Conjunto de fatores psicológicos (conscientes ou inconscientes)
de ordem fisiológica, intelectual ou afetiva, os quais agem
entre si e determinam a conduta de um indivíduo.

Motivado = Particípio de Motivar
Causado, determinado.

Acredito que você já tenha ouvido definições similares a essa. A reflexão que quero provocar se refere ao desejo de os gestores terem pessoas motivadas para a execução de seus trabalhos, portanto sua equipe precisa de um *"conjunto de fatores psicológicos (conscientes ou inconscientes) de ordem fisiológica, intelectual ou afetiva, os quais agem entre si e determinam a conduta de um indivíduo"*.

Estar motivado é um ponto de vista, pois podemos afirmar ironicamente que um Colaborador desmotivado na realidade está motivado a agir daquela forma (...*determinam a conduta de um indivíduo*) em função dos estímulos (*conjunto de fatores psicológicos*) que recebeu, ou não recebeu.

Estar motivado é um estado do Colaborador e a motivação é um "motorzinho" que existe dentro de cada um de nós produzindo energias. Estar motivado depende exclusivamente do Colaborador e não do papel do Gestor (quem comanda o acionamento do motor é a própria pessoa).

O papel do Gestor é agir para que o "motor do Colaborador" não pare de funcionar. Isso é o que costumamos chamar de motivar a equipe, que na metáfora utilizada significa "colocar combustível no motor" de cada colaborador para que ele não pare de funcionar.

Esse combustível é o *Feedback* e, como não se recomenda que um motor fique funcionando sem motivo, precisamos usar o "*Feedback* para Resultados", fazendo com que cada segundo do funcionamento desse motor possa ser aproveitado na construção dos resultados organizacionais.

É preciso estar atento à qualidade do combustível utilizado, pois existe o combustível para se fazer o abastecimento constante (*feedback* positivo) e aquele que precisa ser aplicado com aditivos para um funcionamento melhor do motor (*feedback* corretivo). Há também o combustível com impurezas, que faz com que o motor não funcione adequadamente ou ainda piore seu estado (*feedback negativo*). Também não podemos ganhar tempo e ser econômicos, colocando um combustível mais baratinho, mas que não fica no tanque por ter uma mistura errada (*feedback* insignificante).

Esse motor do Colaborador não é exatamente como os motores da vida real, pois se acabar o combustível ele sofre grandes conseqüências que se agravam ao passar do tempo. Quanto mais tempo parado, mais difícil será a manutenção do motor e, conseqüentemente, mais onerosa ficará. E não adianta tentar fazer o motor "funcionar no tranco", pois isso acarreta danos que até podem ser reparados, mas, certamente, deixam seqüelas e marcas profundas, que podem afetar o desempenho do motor durante algum tempo.

Esse é o importante papel e a correlação entre *Feedback* e Motivação.

Para refletir:
- Estamos abastecendo de combustível nossos foguetes?

ROGERIO LEME

- Qual a qualidade do combustível que estamos utilizando?
- Conforme o tempo passa, mais o motor fica em funcionamento, consumindo mais combustível. Será que estamos abastecendo o foguete antes de chegar na reserva? Ou será que não observamos o sinal da reserva, simplesmente deixando o motor do foguete parar?
- Será que estamos aproveitando a força gerada pelo motor, transformando essa força em resultados, ou simplesmente estamos deixando ela se dispersar?
- Será que tem algum foguete em nossa frota (equipe) sem combustível?
- Com qual freqüência voltamos nossos olhos para os foguetes de nossa frota?

Recomendações ao Dar Feedback

PREPARE-SE

Esteja Preparado. Pense antes de dar o *feedback*, certifique-se de que irá passar a informação e que essa não esteja acompanhada. Certifique-se de qual tipo de *feedback* deverá ser dado e cuidado para que ele não seja uma variação do *feedback* escolhido.

FOCAR O COMPORTAMENTO

Certifique-se para focar o comportamento e não o resultado.

SEJA CLARO, OBJETIVO E ESPECÍFICO

Essa recomendação é válida tanto para o *feedback* positivo quanto para o corretivo, mas, principalmente, para o corretivo. Seja claro na transmissão da informação do *feedback* para que não haja risco de ruídos na comunicação. Seja objetivo e não faça rodeios para chegar ao comportamento que é a informação do *feedback* a ser transmitida. Seja específico para que não existam dúvidas ou margem para interpretações errôneas.

HORA E LOCAL ADEQUADO

Temos que tomar muito cuidado nesse item, principalmente no *feedback* corretivo, pois, na ansiedade em colocar em prática tudo o que foi estudado, podemos sair distribuindo *feedbacks* para todos a todo momento. É preciso identificar o melhor momento para dar o *feedback*.

Existe uma frase que diz: "Elogie em público e critique em particular". O *feedback* positivo pode ser feito em público, como em uma reunião ou mesmo com alguém ao lado da pessoa que está recebendo. A recomendação nesse caso é ter certeza que a pessoa que estará recebendo esse *feedback* positivo não se sinta constrangida por recebê-lo em público. Todos gostamos de reconhecimento, porém algumas pessoas preferem discrição. Identifique o perfil da pessoa que receberá o *feedback* e faça da forma que seja mais prazerosa para ela. O *feedback* é um presente que é dado, então a forma deve ser a mais conveniente para quem estiver recebendo.

Já o *feedback* corretivo deve ser tratado em particular. Nesse ponto, é fundamental que os Gestores tenham muita atenção, pois muitas vezes o *feedback* pode ocorrer em uma simples conversa de trabalho, pode até nem ser um momento de *feedback* propriamente dito, mas durante essa conversa, percebe-se que algo está errado e, ao dizer o que está errado, inicia-se o processo de *feedback*, mesmo que não programado. Isso significa que o gestor precisa estar sempre atento, pois pode ser enviada a informação de que um comportamento não é adequado e aquele acompanhamento da informação em um tom mais severo, irônico ou qualquer outra definição para o acompanhamento causador da mutação de um *feedback* corretivo para o negativo. O problema é que mesmo sem estarem participando da simples conversa entre você e seu subordinado, pode haver pessoas ao redor, que estejam escutando, ou até mesmo participando, dessa reunião.

O *feedback* não foi feito para ficar passando a mão na cabeça de ninguém e dizer: "Olha, você errou, mas tudo bem... vamos juntos....". Absolutamente! Mas certifique-se de que, ao usar o recurso do *feedback* corretivo, que ele seja feito em particular. Por isso, tome muito cuidado principalmente nas conversas do dia-a-dia que, em princípio, não são reuniões de *feedback*, mas podem pegar o Gestor desprevenido e se transformar em um momento de *feedback*.

Como Gestor, você não poderá abster-se de dar o *feedback*, logo, uma sugestão para uma situação dessa é simplesmente você dizer algo como: "Fulano, a informação está incoerente. O correto seria da forma X, mas quero falar com você sobre a alternativa escolhida. Vamos providenciar o que pode ser feito no momento". Dessa forma, você deu o recado que algo está errado. Observe que não foi o comportamento focado, mas, sim, o resultado, pois esse não é o momento do *feedback*.

Terminada a conversa com os demais participantes ou o que aqueles que estejam ao redor não estejam ouvindo, convide o Colaborador para discutir o comportamento que levou o Fulano a escolher a forma errada em vez da forma x. Então, em particular, você fará um *feedback* corretivo focando no comportamento e não no resultado.

EVITE INTERRUPÇÕES

Ao dar o *feedback*, é preciso demonstrar que aquele é um momento de preocupação sua com seu liderado. Não permita interrupções de telefone ou de outras pessoas para ter atenção total naquele que durante os minutos que seguirão é o mais importante. É assim que a pessoa que recebe o *feedback* precisa se sentir.

MANTER EQUILÍBRIO E SER SEGURO

Ao dar um *feedback*, é preciso demonstrar segurança. Demonstrar-se inseguro ou não ter certeza do ocorrido dá margem para a abertura de um debate ou discussão sobre o tema abordado e *feedback* não é discussão, *feedback* é uma informação.

Também é importante manter o equilíbrio durante todo o processo do *feedback*, pois quem está recebendo pode ter uma reação negativa ou não aceitar. Você precisará mostrar-se seguro e equilibrado, pois esse não é o momento adequado para mostrar fraqueza.

NÃO DAR PALPITES OU OPINIÕES PESSOAIS

Ao dar um *feedback*, principalmente o negativo, é importante que você não dê palpite ou emita sua opinião pessoal. A partir do momento que você o fizer, o *feedback* perde o ponto que o caracteriza de ser simplesmente uma informação e não acompanhada. Não temos o direito de interferir na vida das pessoas, mas temos o dever, como Gestor, de não permitir que comportamentos que não sejam adequados interfiram na vida organizacional. É como se estivéssemos andando no fio de uma navalha. Qualquer movimento não tão preciso pode gerar um machucado, pequeno ou grande, com a intenção de ajudar em vez de prejudicar, mas pode machucar.

O melhor a fazer ao terminar o *feedback* (isso ainda será estudado) é aguardar a reação de quem está recebendo para certificar a forma que esse *feedback* terá impacto na pessoa. Relembrando a frase já destacada de Paulo Roberto Menezes de Souza:

> *"Muitas vezes não aceitamos o silêncio. Mas ele é importante para que o pensamento tenha prosseguimento. Não deixe que o silêncio dos outros lhe motive a aconselhar. Respeite este tempo".*

Claro que, respeitados o silêncio e o processamento da informação recebida pelo receptor e esse pedir um auxílio a você, como Gestor, isso é a sua obrigação. Caso não saiba como fazer, recorra ao RH da sua empresa, pois ele está lá para isso.

TENHA EM MÃOS UMA ALTERNATIVA PARA DESENVOLVER O COMPORTAMENTO TRABALHADO NO FEEDBACK

Na recomendação, de não dar opiniões ou palpite, como Gestor, é importante que você tenha em mente uma opção para o desenvolvimento do Colaborador. O objetivo não é que você diga qual é, nem tão pouco deixe transparecer a quem está recebendo o *feedback* que você tem um plano. Controle sua ansiedade, pois se você disser qual é o plano a responsabilidade pelo sucesso do plano passa a ser sua e não de quem está recebendo o *feedback*.

Por isso, ao dar o *feedback*, é importante respeitar o silêncio do receptor e estimulá-lo a trazer ou construir uma alternativa para que o comportamento a ser corrigido não volte a ocorrer. Como Gestor, você precisa conduzir para que isso gere efetivamente **resultado**, portanto você não pode ser pego de surpresa. Por isso, é necessário que você tenha em mãos uma alternativa para desenvolver o comportamento, base do *feedback* corretivo.

Insisto que você estimule o receptor do *feedback*, através que questionamentos, para que ele visualize a alternativa para a correção do comportamento. É importante também que ele profira a alternativa, para selar um compromisso dele com você. É ele o responsável pelo plano e execução. Não pode ser visto como uma imposição ou simplesmente uma sugestão do chefe, para que ele não diga algo como "vamos fazer, 'né', afinal, quem manda é o chefe".

REALMENTE OUVIR

Ouvir não é uma tarefa muito fácil. Faça um teste quando estiver conversando com uma pessoa no dia-a-dia. Geralmente, durante a fala da pessoa, involuntariamente começamos a preparar a nossa réplica, ou seja, começamos a formular o que iremos falar em seguida. Isso se acentua se for uma discussão sobre um projeto ou um problema ou ao ouvir uma explicação de uma situação que acarretará em um *feedback*.

Ouvir atentamente é uma tarefa que requer um isolamento de todos os canais de comunicação adicionais que estão no ambiente provocando ruídos, inclusive do controle do próprio pensamento, que insiste em querer fazer outras atividades simultâneas além de ouvir o canal principal.

A arte de dar *feedback* depende da arte de ouvir atentamente. Para ser um artista do *feedback*, será preciso desenvolver esta capacidade.

"BATA O FERRO ENQUANTO ESTIVER QUENTE!"

Não perca o tempo oportuno para dar um *feedback* corretivo ou mesmo o positivo. O *feedback* tem tempo certo para ser dado. Por isso, não deixe esse tempo passar. O comportamento é o ferro do ditado, que somente pode ser moldado enquanto ainda estiver quente. Se passar o tempo, não será mais possível moldá-lo.

TER EMPATIA E ENXERGAR OS DETALHES, ALÉM DO ÓBVIO

Talvez muitos já conheçam a figura abaixo, mas o objetivo não é trazer a novidade da figura, mas o ensinamento que ela nos traz.

Mostre esta figura para algumas pessoas e peça que elas descrevam quais formas estão enxergando.

ROGERIO LEME

Talvez alguns enxerguem somente um borrão preto, mas teremos aqueles que enxergarão um homem tocando um saxofone; outros, a face de uma mulher e ainda teremos aqueles que enxergarão a figura do saxofonista e da mulher na mesma figura.

Se você não enxergou as duas figuras, permita um auxílio: olhando apenas a parte escura, temos um homem de perfil com um "singelo" topete e nariz apontando para a direita e tocando um instrumento; a parte escura do saxofonista é a sombra da face da mulher que está de frente; o queixo do saxofonista é o olho à esquerda da face da mulher; o bocal do saxofone é o contorno do nariz; a mancha preta isolada na direção horizontal do queixo do saxofonista é o olho à direita da face da mulher; e a face em si, na realidade, é a composta pela parte clara da figura.

Você deve estar pensando: "Interessante, mas o que tem isso a ver com *feedback*?". A resposta é: empatia, enxergar os detalhes além do óbvio. É preciso ter empatia no momento do *feedback*, principalmente do corretivo, pois não é uma situação fácil.

Experimente desprezar ou zombar de um de seus colegas que não conseguirem enxergar a figura acima. Ou caso ele não tenha enxergado as duas figuras, experimente não dar as dicas para visualização, não dando a ele a possibilidade de enxergar. Se você não enxergou as duas figuras antes de ler as dicas que fiz acima e depois de lê-las você conseguiu enxergar, você já sentiu o quanto é importante colaborar para que o outro enxergue, ou seja, colocar-se no lugar de quem não está enxergando o comportamento a ser mudado, compreender sua aflição e seu ponto de cegueira para auxiliá-lo a enxergar.

Quem sabe, ao ver a primeira figura, ele automaticamente enxerga a segunda figura, sem a necessidade de esclarecimentos.

Também é preciso enxergar os detalhes no cenário que está o comportamento, pois ele é uma parte de diversas informações e circunstâncias, é um fragmento que culminou em um resultado, tanto que a técnica do *feedback* é olhar o resultado e extrair o comportamento que o levou a tal resultado para fazer dele o centro das atenções. Às vezes, é um pequeno detalhe que nos permite enxergar e, quando percebemos que a figura, na realidade são duas e isso não era percebido, passamos a enxergar além do óbvio, que curiosamente, é o cenário completo com as duas formas na mesma figura. Depois de conhecidos e percebidos os detalhes, passam a ser óbvio.

Enxergar esses detalhes é uma tarefa tanto de quem dá quanto de quem recebe o *feedback*.

Não Faça Julgamentos

O *feedback* é um momento de transmitir uma mensagem e não de julgamento. Se em algum momento existir um julgamento, esse momento é o da avaliação, estudado no capítulo anterior ao falarmos da escala da avaliação. O *feedback* é informação que não deve estar acompanhada de julgamento.

Técnica "Afaga, Bate, Assopra" × Técnica "Feedback Positivo, Corretivo, Incentivo"

O *feedback* é uma informação, mas em se tratando de um *feedback* corretivo é bom lembrar que esta é uma situação não muito agradável tanto para quem dá o *feedback*, como também para quem o recebe.

Para reduzir o peso do clima, uma técnica muito utilizada é a do "Afaga, bate, assopra", ou seja, inicie a conversa com um elogio, em seguida faça o *feedback* corretivo e termine com outro elogio.

No mundo corporativo minha recomendação é a técnica **"Feedback Positivo, Corretivo, Incentivo"**, ou seja, dê um *feedback* positivo, não se limitando apenas a um elogio para abrir a conversa. Em seguida, entra uma sonora frase similar a "... mas temos um ponto passivo de melhoria, pois..." e entra o *feedback* corretivo, passando a informação. Ao término do *feedback* corretivo, é importante ressaltar sua confiança na pessoa que estiver recebendo o *feedback*. Então, para comprovar essa confiança, faça uma referência ao comportamento que foi iniciado o *feedback* positivo, mesmo que o assunto seja diferente. Isso porque, se a pessoa tem excelência ou está melhorando em um comportamento para o qual você deu um *feedback* positivo, ao agir dessa forma você mostra que ela é capaz da mudança.

Apesar de parecer a técnica do "afaga, bate, assopra", existem diferenças de intensidade de percepção da informação, da ênfase do comportamento pelo *feedback* positivo e também pela confiança que você deposita na pessoa. Em geral, quem estiver recebendo o *feedback* fica com o sentimento que precisa de fato entregar o comportamento solicitado pelo *feedback* positivo, fortalecendo o compromisso com o gestor da mudança.

Dê Exemplos, Use Linguagem que Seja Compreensível

Durante o *feedback*, ao utilizar exemplos para ilustrar o comportamento a ser trabalhado, não use exemplos generalistas como "...vocês psicólogos são mesmo assim..." ou "... o pessoal da área de exatas é assim mesmo...".

Exemplos generalistas devem ser veementemente proibidos. O foco não é uma categoria, é o comportamento da pessoa sentada à sua frente. Os exemplos devem ser dos comportamentos dessa pessoa e não de classes similares de setores, áreas, funções ou qualquer coisa do gênero.

Não adianta usar esse momento para despejar uma série de palavras colecionadas no dicionário, o melhor a fazer é usar uma linguagem simples que todos compreendam para ter certeza de não haver ruídos na comunicação.

Esteja Preparado para a Reação de Quem Recebe o Feedback

Maria Rita Gramigna apresenta em seu livro uma reação de quem recebe o *feedback*, descrevendo quatro momentos para a "digestão" do *feedback*: Rejeição, Raiva, Racionalização e Aceitação.

Não que isso irá acontecer a cada *feedback* que for fornecido, mas pode acontecer e, se acontecer, é preciso estar preparado.

Considere uma pessoa que recebe um *feedback* com o qual não concorde. Talvez você já tenha passado por isso. Se passou, será mais fácil compreender a lúdica situação apresentada a seguir.

O momento da *Rejeição* tem relação com o exercício da figura apresentada no item "Ter empatia e enxergar os detalhes, além do óbvio" e a definição de comportamento, aquilo que os outros vêem das reações que tenho e não o que eu acho que faço.

Muitas vezes, estamos cegos e julgamos que fazemos uma tarefa com perfeição e que ninguém seria capaz de fazer melhor do que nós mesmos. Em nível de comportamento, isso seria, então, uma heresia. Alguém cogitar em ter uma posição contrária ao do receptor leva-o com toda "exclusiva razão" de não imaginar tal hipótese. Além disso, ele passa a ter abominação de todos aqueles que "pactuaram" tal situação (nessa hora, o receptor do *feedback* pode chegar ao extremo e dizer que as pessoas se uniram para conspirarem contra ele e que tudo é uma grande sabotagem), levando-o a um profundo momento de ira, ou *Raiva*.

Aquilo fica "martelando na cabeça" e ele começa a refletir (em alguns casos, as pessoas não conseguem progredir para essa etapa) considerando que, se os outros os vêem dessa forma, é sinal que realmente ele tem o comportamento apresentado, mesmo que involuntariamente. Assim, passa a buscar momentos específicos que traduzam ou demonstrem a "remota possibilidade", mas que já não é tão remota assim em seu pensamento. Esta é a etapa da *Racionalização*.

A etapa final estará se ele encontrar as provas de que precisa e que investigava durante a racionalização, levando-o à *Aceitação*. Esta etapa é o "cair da ficha" para a abertura da mudança de comportamento.

Em alguns casos, isso não ocorre a partir da etapa da *Racionalização*, então o Gestor deverá atuar de forma mais intensa para fazer o receptor enxergar.

Fazemos, aqui, analogia à figura anterior que tem na realidade duas imagens e não é apenas um borrão no papel.

O gestor deve estar preparado, pois pode ocorrer de o receptor parar no primeiro dos momentos descritos, ou seja, ficar na *Rejeição*. Em qualquer um deles, o Gestor deve atuar de forma que conduza o ciclo até o momento da *Aceitação*.

Ainda neste capítulo falaremos sobre a Janela de JOHARI, que complementará a visão necessária ao Gestor para a aplicação da técnica de como agir com o interlocutor durante o processo do *feedback*.

Seja Cordial e Respeite a Pessoa

Durante o processo do *feedback*, pode haver algum momento de tensão de ambas as partes. Mantenha a cordialidade e o respeito à outra pessoa, mesmo nesses momentos tensos.

Lembre-se de que o processo de *feedback* é como andar no fio da navalha, onde qualquer descuido pode machucar.

Cuidado com a Linguagem Corporal, o Tom e a Insinuação da Voz

O tom de voz é algo importantíssimo para a conduta do *feedback*, assim como a linguagem corporal. Por muitas vezes, não são necessárias palavras para transmitir uma mensagem.

O problema está na agressividade ou na ironia que a voz, os gestos, a postura ou o olhar podem trazer junto com a informação do *feedback*, descaracterizando-o ou fazendo com que sofra a mutação de um *feedback* corretivo para um negativo.

Não Utilize Exemplos de Casos Já Discutidos ou Resolvidos

Usar exemplos de casos já discutidos ou já resolvidos pode significar a abertura de uma ferida que pode ter sido difícil de ser tratada. Portanto, não se recomenda sua utilização.

Não Cometa o Erro do Aprendiz de Mágico

O aprendiz de mágico corre um risco de cometer um erro baseado na ansiedade e na autoconfiança. Ao aprender um número e julgar que está apto a fazer todos os tipos de mágica, ou mesmo aquela que acabara de aprender, pode ter uma surpresa não agradável devido a algum fator não programado.

Ao dar o primeiro *feedback*, não julgue que ele foi perfeito e que você domina a arte do *feedback*. Mesmo o verdadeiro artista persiste em suas rotinas de conhecimento, aperfeiçoamento, desenvolvimento e autoconhecimento. Em vez disso, tenha sempre o espírito do aprendiz, que é o de buscar conhecimento e de melhorar a forma com que ele realiza suas tarefas, pois ele tem a "ambição" de crescer.

Certifique-se de que a Pessoa Compreendeu a Mensagem

Certifique-se de que a pessoa compreendeu exatamente a informação transmitida. O ideal é que essa pessoa possa fazer um resumo da mudança a ser realizada para que você não tenha dúvidas sobre o entendimento.

Esse resumo deve ser feito ao término do *feedback* de correção e antes do *feedback* positivo, se você utilizar a técnica do "*Feedback* Positivo, Corretivo, Incentivo". Se a técnica for a do "Afaga, Bate, Assopra", o momento oportuno para se fazer o resumo é antes do "Assopra".

Agradeça, Coloque-se à Disposição e Demonstre Confiança

Ao término da sessão, agradeça a pessoa que estiver recebendo o *feedback* e demonstre sua confiança da mudança necessária. É fundamental que você faça o acompanhamento desse Colaborador e coloque-se à disposição para prover o que for necessário para que a mudança realmente ocorra.

O Instante do *Feedback*

As recomendações anteriores certamente ajudam durante todo o processo de *feedback*, ou seja, no desenrolar do encontro, da sessão. Ainda é necessário descrever as técnicas para o instante do *feedback*, ou seja, durante o encontro com o Colaborador, como deve ser o instante que você transmite a informação para o receptor do *feedback*.

Para a descrição a seguir, considero que todas as informações necessárias já foram coletadas e averiguadas e que o Gestor que dará o *feedback* está devidamente preparado e planejado.

A figura apresenta o resumo da atuação. Note que os tamanhos dos retângulos representam a proporção da ênfase a ser dada em cada uma das etapas mencionadas a seguir.

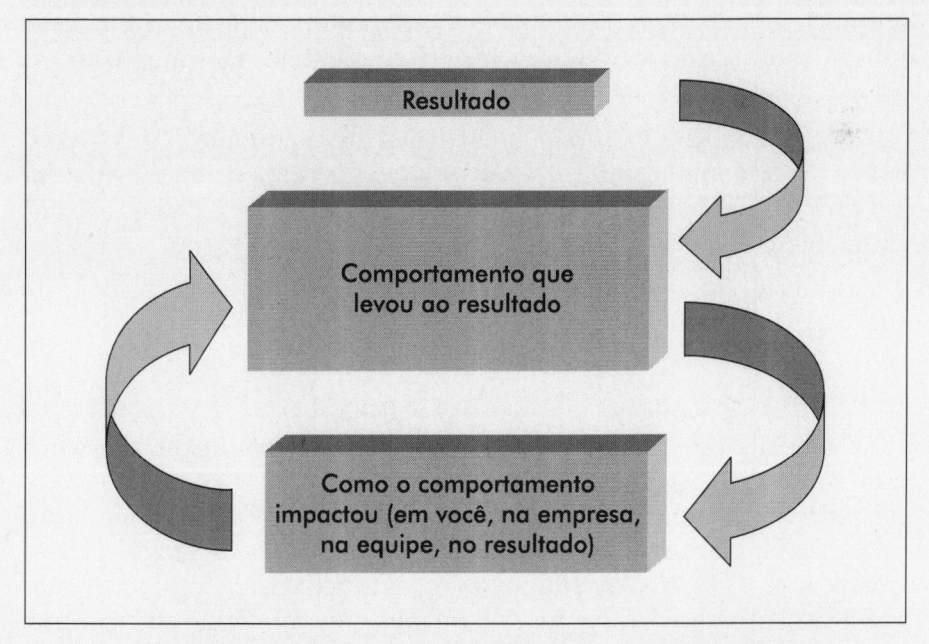

Seqüência para fazer *Feedback* focado no Comportamento

Os Cinco Passos para o *Feedback* Positivo

1. Transmita alegria e orgulho.
2. Cite rapidamente o resultado, pois ele foi quem deu origem ao encontro.
3. Enfatize o comportamento da pessoa.
4. Diga como esse comportamento afetou você, sua equipe ou os envolvidos, sua empresa e o resultado obtido.
5. Encerre enfatizando o comportamento.

Este é um momento de orgulho para quem recebe o *feedback*, então sua postura deve ser de alegria e felicidade, o que não significa que você tenha que fazer uma festa, embora isso não seja ruim, mas a cultura organizacional é que lhe dirá a postura adequada. Apenas não dê o *feedback* positivo com o ânimo de alguém que dá a notícia do falecimento de um ente querido.

Nesse instante, você tem em mãos o resultado, mas não é o resultado que deve ser enfatizado, mas sim os comportamentos que levaram àquele resultado. Então cite brevemente o resultado e enfatize o comportamento que o Colaborador teve. Este é o item mais importante a ser trabalhado do momento no *feedback*.

Em seguida, e também o segundo item mais importante, ressalte como esse comportamento afetou os envolvidos, seja você, a equipe, a empresa e o próprio resultado. Feche o momento do *feedback* ressaltando o comportamento.

Exemplo de *Feedback* Positivo e suas Variações

Cenário

Um colaborador tinha a incumbência de fazer uma análise de custos administrativos da empresa, apresentando um relatório para o Gerente Financeiro. O nível do trabalho apresentado foi excelente, pois permitiu a empresa enxergar questões que nem estavam sendo cogitadas de entrarem na análise, mas que foram levantadas pelo colaborador que realizou a tarefa. Essas informações tinham impacto importante em uma postura estratégica que seria adotada pela empresa.

FEEDBACK *INSIGNIFICANTE*

*"Fulano, ficou muito bom mesmo o relatório, hein!
Parabéns! É por isso que a organização
se orgulha de trabalhadores como você."*

O *feedback* é insignificante, pois não focou o comportamento, focou o resultado. Ainda mais dá a entender que se o colaborador é tão bom assim e a organização se orgulha dele, ao virar as costas, o receptor desse *feedback* deve resmungar: "Já que é assim, por que você não aumenta meu salário?!".

Veja que interessante ao olharmos para os grandes líderes da humanidade, tanto do bem, quanto do mau: seus seguidores eram voluntários e não remunerados! Claro que nem somente de um *feedback* positivo viverão os colaboradores, mas isso ajuda muito na construção dos resultados e, com os resultados, a empresa pode ter uma política de remuneração por competências.

FEEDBACK *POSITIVO*

"Fulano, o relatório de análise de custos que você preparou me surpreendeu. Você apresentou um nível de detalhes importante e ainda se preocupou em buscar informações que não seriam consideradas. Além de ajudar em minhas tarefas, essas informações permitirão uma análise muito mais precisa para a tomada de decisão dos investimentos para o próximo semestre. Parabéns pela sua atenção e percepção aguçada aos detalhes que você demonstrou."

Vamos estudar o *feedback* acima e fazer referência aos cinco passos do instante do *Feedback* Positivo:

- *"Fulano, o relatório de análise de custos que você preparou me surpreendeu"*: a própria construção da frase demonstra o entusiamo (passos 1 e 2).

- *"Você apresentou um nível de detalhes importante e ainda se preocupou em buscar informações que não seriam consideradas"*: o foco no comportamento do Colaborador (passo 3).

- *"Além de ajudar em minhas tarefas, essas informações permitirão uma análise muito mais precisa para a tomada de decisão dos investimentos para o pró-*

ximo semestre": temos o destaque de como o comportamento afetou o Gestor, a empresa e a qualidade do trabalho, ou seja, o resultado alcançado (passo 4).

- *"Parabéns pela sua atenção e percepção aguçada aos detalhes que você demonstrou"*: o fechamento com o foco e ênfase no comportamento.

Qual dos *feedbacks* acima irá colocar combustível no tanque do foguete para que ele mantenha seu motor em funcionamento para alcançar o resultado de pousar na Lua?

Qual o custo de aplicação de um *feedback* para o outro?

O custo é apenas a expressão dos pensamentos que levou o Gestor a dizer o porquê de o trabalho *"ter ficado muito bom mesmo"*. Ele viu os detalhes do comportamento do Colaborador, apenas não falou.

A expressão em si não levaria mais que um "mísero" minuto do que ele gastou (pois, nesse caso, ele não investiu) para dar aquele *feedback* insignificante.

Os Dez Passos para o *Feedback* Corretivo

1. Inicie por um *feedback* positivo.

    1.1. Tenha postura séria e firme, porém, cordial e respeitosa.

    1.2. Foque a mudança de comportamento da pessoa.

    1.3. Ressalte como a mudança do comportamento afetou você, sua equipe ou os envolvidos, sua empresa e os resultados obtidos.

    1.4. Enfatize sua alegria ou sua satisfação pela mudança.

    1.5. Parabenize-o por seu desenvolvimento.

2. Cite o ponto a ser tratado, o problema em si.

3. Faça questionamentos ao receptor conduzindo para que as respostas identifiquem o comportamento indesejado.

4. Enfatize o comportamento a ser corrigido.

5. Diga como esse comportamento afetou você, sua equipe ou os envolvidos, a empresa e os tesultados obtidos.

6. Ilustre como a correção desse comportamento proporcionará benefícios ao próprio receptor, a você, à sua equipe ou aos envolvidos, à empresa e aos resultados.
7. Peça sugestões ao receptor de como promover a mudança de comportamento.
8. Sele o compromisso com o Colaborador das ações que serão adotadas.
9. Diga a sua confiança na ação a ser desenvolvida, promovendo ou apoiando as condições para que aconteça.
10. Fique atento ao primeiro sinal de mudança para aplicar o *Feedback Positivo*.

Um *feedback* corretivo é um momento difícil tanto para quem dá quanto para quem recebe o *feedback*. Para iniciar o assunto, é interessante começar por um *feedback* positivo, se possível de algum comportamento relacionado ao *feedback* corretivo que será dado. O objetivo é registrar na mente do receptor que ele é capaz de promover mudanças.

Esse *feedback* não deve seguir os passos do *feedback* positivo relatado anteriormente, pois o tema principal do encontro não é motivo de alegria ou de orgulho. Tenha uma postura séria e firme, porém cordial e respeitosa.

Por se tratar de algo a ser melhorado ou corrigido, é normal uma tensão pela insatisfação da conduta do Colaborador que receberá o *feedback*. Logo, ao iniciar a etapa do *feedback* positivo, cuidado para não começar com uma frase anulando o objetivo do *feedback* positivo, algo como: "Apesar da sua evolução dos seus comportamentos no fato tal...".

Foque a mudança de comportamento que a pessoa teve e como isso impactou os envolvidos, você, a empresa, os resultados e a própria pessoa. Enfatize sua satisfação (ou alegria se for o caso) pela mudança que ela vem desenvolvendo e até parabenize-a por tal feito.

É chegada a hora de apontar o assunto a ser tratado. Nem sempre é possível que o assunto seja tratado como um ponto de melhoria, pois o *feedback* corretivo pode ser pela falta de um comportamento que proporcionou que um resultado não tenha sido atingido ou por um problema de conduta. Então, foque exatamente o problema a ser tratado, não deixando dúvidas sobre o fato.

A técnica a ser empregada a partir desse passo é fazer com que a pessoa que está recebendo o *feedback* seja capaz de enxergar o comportamento que gerou a situação insatisfatória. Assim como no *feedback* positivo, o *feedback* corretivo necessita que seja focado o comportamento e não o resultado, evitando que o comportamento ocorra outras vezes, mesmo em projetos ou outros resultados que não sejam de mesma origem do *feedback* corretivo.

O motivo da necessidade do comportamento ser enxergado pelo próprio receptor é porque a conclusão precisa ser dele e não supostamente imposta por quem está dando o *feedback*. Isso proporciona maior nível de consciência em relação ao *feedback* que ele está recebendo.

Para isso, uma técnica que pode ser utilizada é a aplicação de diversas perguntas "cercando" e "conduzindo" as respostas até que o comportamento que gerou o problema seja encontrado, como um exame de consciência ou uma reflexão do "por que do porquê".

Ao identificar o comportamento gerador do problema, esse comportamento deve ser enfatizado. Ressalte como esse comportamento afetou você, sua equipe ou os envolvidos, a empresa, os resultados e o próprio receptor do *feedback*. Ilustre o que, exatamente, mudará com a correção de tal comportamento para as partes envolvidas e quem ganhará com isso.

Chega o momento que é muito importante para que o *feedback* gere resultados: solicite as opções de ações que podem ser tomadas para evitar que o comportamento indesejado volte a ocorrer. Aqui, volto a insistir em respeitar o silêncio de quem recebe o *feedback*, pois nem sempre a resposta estará na ponta da língua. Se a técnica de fazer perguntas para chegar no comportamento a ser desenvolvido for aplicada, as próprias respostas vindas de quem está recebendo o *feedback* ajudarão para a visualização da ação a ser tomada.

Nas recomendações feitas anteriormente, uma era para que a pessoa que der o *feedback* tenha em mãos uma alternativa para desenvolver o comportamento a ser trabalhado. Respeite o silêncio, mas se ele persistir ou a resposta for um "não sei...", estimule o receptor do *feedback* através de questionamentos para chegar a uma sugestão, nem que seja aquela que você preparou. Como já discutido, a visualização da alternativa pelo próprio receptor do *feedback* é estratégico para selar um compromisso entre as partes.

Dê credibilidade às ações a serem adotadas, promova o que estiver ao seu alcance e apóie no que for necessário. Essas ações serão a materialização da confiança que você precisa demonstrar ao seu liderado. E não se esqueça de ficar na observação dos sinais de mudança para dar o incentivo ao seu liderado através de *feedback* positivo, pois isso ajudará na materialização da sua confiança e na concretização da mudança para resultados.

Exemplo de *Feedback* Corretivo e suas Variações

CENÁRIO

Um Colaborador tinha a incumbência de fazer uma análise de custos administrativos da empresa, apresentando um relatório para o Gerente Financeiro. As informações apresentadas estavam incompletas, as informações dispostas em um formato que dificultava muito a leitura. Havia evidências que o material apresentado fora elaborado às pressas, pois, além de erros básicos, havia erros de grafia. As informações desse relatório seriam utilizadas em uma reunião com a Alta Direção para a decisão de uma postura estratégica que seria adotada pela empresa.

FEEDBACK *NEGATIVO 1*

"Fulano, que absurdo esse material! Está um verdadeiro lixo, aliás o lixo seria um local de alto requinte para tamanha porcaria. O melhor a fazer é deixar em sua mesa. Onde já se viu? Você é um irresponsável! Um moleque. Quero isso pronto ainda hoje, de uma forma digna, se é que você sabe o que isso significa."

FEEDBACK *NEGATIVO 2*

"Fulano, você sabe que o relatório que você me entregou logo pela manhã será utilizado em reunião com a nossa diretoria. E você acha que eu tenho a coragem de entregar esse material? Ele está horrível! Faltam informações! Refaça-o e me entregue até às 15 horas, ou então arque com as conseqüências."

Ambos exemplos são *feedbacks* negativos. O primeiro traz um tom agressivo do início ao fim, demonstrando a total insatisfação pelo resultado apresentado. Já no segundo parece que a conversa é mais respeitosa, porém há um tom de ameaça, claramente identificado pela última frase.

Ambos focaram o resultado e não o comportamento que levou a tal resultado e nenhum utilizou a técnica do "*Feedback* para Resultados". Até pode ser que o relatório seja entregue no período estipulado, mas certamente essa atuação não dá a certeza de que novos incidentes como esse serão evitados no futuro. Quem recebe esse *feedback* pode não saber oficialmente o seu erro por uma questão de não enxergar e não compreender a visão de seu superior. A pessoa pode não ter consciência do seu ato e, se por acaso não enxergar, o foco do *feedback* será interpretado como sendo de caráter exclusivamente pessoal.

FEEDBACK CORRETIVO

Gestor: *Fulano, tenho acompanhado e observado sua evolução nas questões de execução das suas atividades, fazendo com que você consiga cumprir e entregar seus trabalhos nos prazos estabelecidos. Isso tem-nos ajudado muito, pois nosso setor gera algumas informações para a controladoria e agora estamos realmente atendendo às expectativas de nossa direção referente aos prazos. Isso é bom para todo setor, inclusive para você. Estou satisfeito com essa evolução. E registro meus parabéns por essa sua capacidade de mudança.*

Colaborador: *Obrigado, Chefe.*

Gestor: *Precisamos continuar nessa evolução e o assunto é o relatório que você preparou e me entregou nessa manhã, referente à análise de custos e que será utilizado na reunião da direção.*

Colaborador: *Pois não!*

Gestor: *Vejamos alguns pontos* (abre o relatório para o Colaborador e apontando para algumas frases). *Primeiramente, temos vários erros de grafia e, por se tratar de um relatório que será utilizado pela direção junto com uma consultoria externa, o que você me diz sobre isso?*

Colaborador: *Que está errado e precisa ser corrigido.*

Gestor: *Claro, mas como você julgaria a imagem de nossa empresa se você fosse esse consultor? E o que o diretor poderia dizer?*

Capítulo 4 – A Arte de Dar Feedback

Colaborador: *É... Isso não é muito adequado para nossa imagem e certamente o diretor ficaria um tanto envergonhado.*

Gestor: *Muito bem! Agora por favor, onde estariam algumas contas que são básicas na administração, como o aluguel mensal e a energia elétrica?*

Colaborador: *É.... uhmmm... Parece que não estão listadas!*

Gestor: *E o que você me diz?*

Colaborador: *Que preciso refazer.*

Gestor: *Isso é claro que será preciso, mas qual o impacto disso se esse relatório chegasse à mesa da reunião da direção dessa forma.*

Colaborador: *Seria ruim.*

Gestor: *Claro que seria, mas por que seria ruim?*

Colaborador: *Porque o restante do relatório pode estar correto, mas a ausência de uma informação básica como essa deixa todo o trabalho sem crédito.*

Gestor: *E em relação à nossa imagem mediante ao consultor?*

Colaborador: *Também seria afetada. E o diretor aumentaria sua "fúria" e com toda a razão.*

Gestor: *E o que exatamente levou você a preparar um relatório assim, com essa qualidade que não foi satisfatória?*

Colaborador: *Mas você está dizendo que tudo está errado?! Eu apurei dados importantes para a análise, incluindo até uma coluna de despesas futuras, considerando a aquisição dos novos equipamentos importados para a produção. Não é bem assim.*

Gestor: *E onde estão esses números?*

Colaborador: *Bem aqui* (apontando para uma área da planilha).

Gestor: *E como eu sei que esses números significam exatamente isso?*

Colaborador: *É... bom... na verdade parece que faltou deixar claro isso na planilha... Olhando assim, na realidade a planilha está confusa.*

Gestor: *E agora, o que exatamente levou você a preparar um relatório assim, com essa qualidade que não foi satisfatória?*

Colaborador: *Na realidade, não conferi. Queria entregar o relatório e acabei acreditando demais no trabalho, faltando atenção aos detalhes.*

Gestor: E por que você não conferiu?

Colaborador: Como queria entregar logo e estou com vários trabalhos em andamento, acabei por deixando de dedicar o tempo para a verificação.

Gestor: Muito bem! Então, temos dois pontos a serem trabalhados pelo que você comentou?

Colaborador: Dois?! O problema foi a falta de conferência!

Gestor: Sim, mas você mencionou a questão do tempo também, ou não?

Colaborador: É. De fato a falta de tempo fez com que eu não conferisse o relatório.

Gestor: Não gerenciar o tempo adequadamente fez com que você não conferisse o relatório e isso afetou o resultado do trabalho porque ficou sem qualidade, prejudicando a imagem de nosso setor se, por acaso, eu levasse esse relatório para frente.

Colaborador: É verdade...

Gestor: Agora, você terá um retrabalho, consumindo mais o seu tempo e podendo acumular mais tarefas. É preciso evitar esses retrabalhos para que o tempo seja investido na qualidade. Isso será benéfico para todos, mas principalmente para você. Como podemos fazer para evitar que isso volte a ocorrer?

Colaborador: (silêncio)

Gestor: E então, alguma sugestão?

Colaborador: Acho que não sei... Isso não pode voltar a acontecer, não é?

Gestor: Você tem uma lista das tarefas que precisa realizar?

Colaborador: Não! Quer dizer, não escrita, mas sei tudo o que preciso fazer.

Gestor: Mas você corre o risco de não se lembrar de todas ou no mínimo de não priorizar as que devem ser realizadas em primeiro lugar, não acha?

Colaborador: É... sendo sincero, fui me lembrar desse bendito relatório ontem no final do dia.

Gestor: E você sabia dele há mais de uma semana. Como fazer para que você consiga visualizar todas suas tarefas e prazos de entrega, podendo priorizar as mais urgentes?

Capítulo 4 — A Arte de Dar Feedback

Colaborador: *Acho que se eu poderia registrar em uma lista ou planilha e conforme for executando eu iria eliminando.*

Gestor: *E isso ajudaria a visualizar?*

Colaborador: *Acho que sim.*

Gestor: *E o que isso impactaria em sua administração de tempo?*

Colaborador: *Vendo as tarefas e as datas de entrega, posso ter a certeza de qual devo realizar em primeiro lugar, não correndo o risco de esquecer e ter tempo de realizá-la com qualidade.*

Gestor: *Inclusive com a conferência?*

Colaborador: *Inclusive com a conferência, pois isso faz parte do processo da qualidade.*

Gestor: *Então, é isso que será feito? Você precisará de alguma ajuda?*

Colaborador: *Sim, farei isso, pode deixar. Se você tiver algum modelo de planilha isso poderia ajudar.*

Gestor: *Imagino que uma planilha simples seja o suficiente. De qualquer forma, peço auxílio ao RH para checar se há algum modelo mais adequado.*

Colaborador: *Enquanto isso, irei relacionar em uma planilha simples mesmo a tarefa, para quem devo entregar, a data para a entrega, a data que foi solicitada e uma coluna para algum detalhe especial.*

Gestor: *Excelente! Tenho certeza de que com essas informações você terá condições de manter um controle de seus trabalhos, gerenciando o tempo e prezando a qualidade. Estou certo de que terá sucesso, pois sua evolução está sendo muito boa. Essa é mais uma questão para um alinhamento. Agradeço sua atenção e peço que providencie os ajustes nesse relatório. Preciso dele até às 15 horas.*

Colaborador: *Ok, chefe! Pode contar comigo. Peço desculpa pela falha, mas tenha certeza de que farei de tudo para evitar que isso volte a ocorrer. E obrigado pela ajuda.*

A história acima é um relato que traz um exemplo de como dar um *feedback* corretivo para resultados.

No início da conversa, o Gestor ressalta a evolução de comportamento do colaborador que ele está observando e acompanhando, demonstrando a postura correta do Gestor que é estar próximo de seus liderados.

Em seguida, passa pelo destaque do resultado indesejado, que era a qualidade do relatório apresentado. Repare que o Gestor fez questionamentos sobre o relatório para que o problema fosse visualizado pelo próprio Colaborador, assim como os seus impactos negativos.

O interessante são as respostas curtas e muito comuns nos diálogos desse tipo, como os destaques *"Que está errado e precisa ser corrigido"*, *"Que preciso refazer"*, *"Seria ruim"*, dentre outras. São respostas evasivas e de postura defensiva, o que é compreensível, mas não aceitável. Note a aplicação da técnica da pergunta do "por que do porquê", que requer paciência do Gestor e estratégia para melhor obtenção do resultado. Resultado esse que se fez efetivo no exemplo, pois quem disse qual era o problema e seus impactos foi o próprio colaborador, aumentando o nível de consciência de seus comportamentos.

Quando o Gestor questiona sobre o que o levara a entregar o relatório com os problemas apresentados, o Colaborador passa por um momento de reação, dizendo que nem tudo estava errado. Além disso, exige do Gestor preparo para contornar essa situação, que é uma das situações apresentadas no tópico acima "Esteja preparado para a reação de quem recebe o *feedback*".

Uma vez que o problema fora detectado e estando claro para o Colaborador, o Gestor parte para a identificação do comportamento do Colaborador que resultou na baixa qualidade do relatório. Isso para que o comportamento fosse enfatizado. A princípio, o motivo era a falta de conferência, porém a aplicação mais uma vez da técnica do "por que do porquê" fez o Colaborador detectar que, na essência, o problema era a falta de gestão do tempo.

Note a importância e a grandeza dessa detecção, pois, se fosse trabalhado o resultado, ou seja, a construção do relatório apenas, a questão da conferência não seria abordada.

Por sua vez, o problema não estava em fazer ou não a conferência, tendo como origem a falta de tempo para tal ação. No final, a percepção foi que o problema, na realidade, era a falta de organização das tarefas que o Colaborador tinha por realizar. Através de uma planilha de controle, ele passaria a ter a visualização da prioridade de execução, com tempo para a execução dos trabalhos, inclusive com a conferência, gerando resultados de qualidade.

Enfatizar o comportamento de origem do problema, que foi organização, fez com que o Colaborador pudesse resultar qualidade em todos os seus trabalhos.

Ainda é preciso ressaltar a técnica do Gestor que respeitou o silêncio do Colaborador quando questionado sobre qual sua sugestão de como faria. Como não ofereceu alternativas, o Gestor começou a colocar em prática sua sugestão, aplicando novamente a técnica do questionamento direcionado, fazendo com que o Colaborador enxergasse qual era a sugestão do Gestor, que foi proferida e assumida pelo Colaborador, selando o compromisso.

Ao final, o Gestor demonstra confiança e coloca-se à disposição para auxiliar o Colaborador, que reconhece o erro e agradece a orientação.

Para a sua reflexão: Qual dos *feedbacks* acima está mais próximo para transformar o "*Feedback* em Resultados"?

O *Feedback* Corretivo/Incisivo

Existe mais uma variação do *Feedback* Corretivo, chamada *Feedback* Corretivo/Incisivo. Para a correta compreensão de seu significado, recorrendo mais uma vez ao dicionário, temos a definição de incisivo como:

1. *Que corta ou é próprio para cortar.*
2. *Decisivo, pronto, direto, sem rodeios.*
3. *Cortante, agudo, penetrante.*

É exatamente isso que trata esse *feedback*, ou seja, quando o *feedback* positivo e o corretivo já tiverem sido corretamente utilizados e não trouxerem resultados, é preciso compreender que o problema está no aparelho receptor do foguete da fábula (colaborador) ou nos mecanismos de acionamento do foguete que o permite voltar para a rota, com o objetivo de pousar na Lua.

Se o foguete não acionar seus mecanismos, será preciso trocar o foguete, pois a empresa precisa atingir seus objetivos e não pode contar com foguetes que não queiram acionar seus mecanismos de mudança.

Nesse caso, é preciso que o Gestor dê um *feedback* Corretivo/Incisivo, ou seja, decisivo, direto e sem rodeios, tendo uma postura respeitosa, mas muito enérgica com seu colaborador, colocando, inclusive, condições de sua permanência na empresa ou de punições que venha a sofrer por não mudar sua conduta.

É fundamental ter cuidado nesse caso, pois uma vez aplicado esse *feedback*, é necessário que seja efetivamente cumprida a punição declarada se o resultado desejado não for alcançado. Se isso não ocorrer, o Gestor cai no descrédito e sua reputação ficará abalada, colocando em dúvida sua capacidade como Gestor em frente ao Colaborador que está trazendo problemas e também frente a toda a sua equipe.

Portanto, esteja certo da sua possibilidade de aplicar a punição apresentada nesse *feedback*. Se não puder executar, não faça. Não use termos como "você terá que arcar com as conseqüências" se você não disser quais são as conseqüências, pois isso cai em tom de ameaça.

É preciso ser firme, seguro, ter postura séria, enfática, rigorosa e enérgica. É preciso deixar claro que você precisa do colaborador, mas que ele precisa seguir as diretrizes que a empresa determina.

Os Dez Passos para o *Feedback* Corretivo/Incisivo

1. Tenha postura séria, enfática, rigorosa e enérgica, porém não desrespeite o receptor do *feedback*.
2. Apresente diretamente o comportamento inadequado do Colaborador.
3. Relate como isso está afetando as partes envolvidas.
4. Deixe claro as tentativas e as oportunidades já realizadas.
5. Exija que seja tomada uma postura sobre o assunto.
6. Coloque-se à disposição para auxiliá-lo no que for preciso e possível.
7. Determine um prazo para que sejam observadas as mudanças desejadas.
8. Se houver algum tipo de punição, caso não ocorra a transformação desejada, deixe claro qual será a punição, como e quando será.
9. Encerre dizendo que acredita haver espaço para a reversão da situação.
10. Acompanhe de perto a evolução do Colaborador e, no primeiro sinal de mudança, incentive-o com *feedback* positivo.

Janela de JOHARI

Ao falar de *feedback*, é preciso citar a Janela de JOHARI. Joseph Luft e Harry Ingham, ambos psicólogos, elaboraram uma ferramenta para ilustrar o processo de dar e receber *Feedback*, que recebeu o nome de Janela de JOHARI.

Como já discutido, o *feedback* tem como objetivo aumentar o nível de consciência da pessoa, gerando compreensão do impacto de seus comportamentos, propiciando a repetição ou a mudança de comportamento, de acordo com o tipo de *feedback* utilizado, positivo ou corretivo. Isso é necessário, pois comportamento é o conjunto de reações que podem ser observadas em um indivíduo, logo, comportamento não é o que eu faço, mas o que os outros vêem daquilo que eu faço.

Como conseqüência, existe uma comparação entre duas percepções em relação aos comportamentos de um indivíduo:

- Como um indivíduo se vê.
- Como as outras pessoas vêem o indivíduo.

Existe, portanto, uma relação com o nível de consciência dessas partes (o indivíduo que tem o conjunto de reações e as pessoas que vêem seus comportamentos) quanto ao que está sendo feito (as reações) e por que está sendo feito. Essas percepções são classificadas em:

- Conhecida pelo indivíduo.
- Desconhecida pelo indivíduo.
- Conhecida pelos outros.
- Desconhecida pelos outros.

Joseph Luft e Harry Ingham colocaram essas informações em uma exposição gráfica, gerando os quadrantes classificados como:

- Arena.
- Mancha Cega.
- Fachada.
- Desconhecido.

Para facilitar a compreensão, irei utilizar as respectivas nomenclaturas para os mesmos quadrantes:

- Área Aberta.
- Área Cega.
- Área Oculta.
- Área Desconhecida.

A figura abaixo é a representação gráfica da Janela de JOHARI.

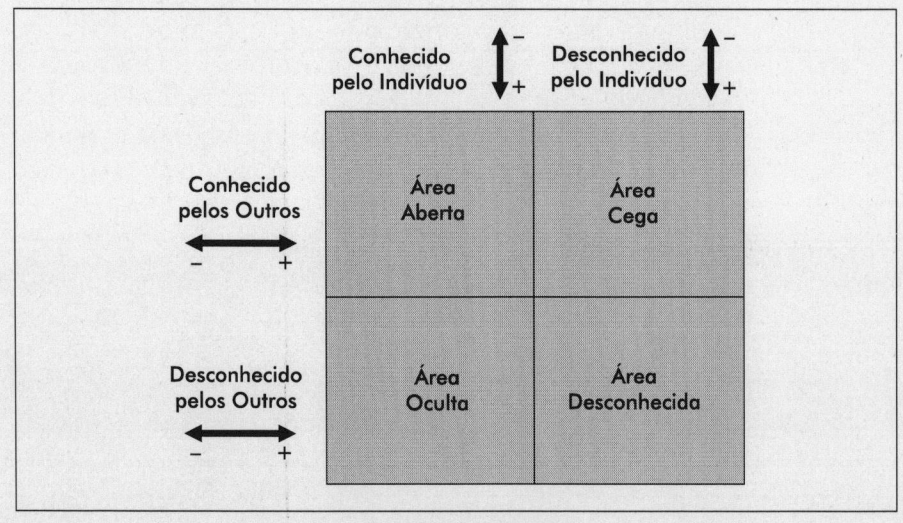

	Conhecido pelo Indivíduo	Desconhecido pelo Indivíduo
Conhecido pelos Outros	Área Aberta	Área Cega
Desconhecido pelos Outros	Área Oculta	Área Desconhecida

A Janela de JOHARI

A seguir, o significado de cada área da Janela de JOHARI.

Área Aberta

Caracteriza a pessoa que dá e recebe *feedback*, tem relacionamento aberto e está aberta para o desenvolvimento e para a mudança de comportamento. É a situação ideal para o ambiente organizacional.

Área Cega

Pessoas que se encontram nessa área são aquelas que dão *feedback*, mas que não gostam de receber. "Falo para os outros, mas que os outros não falem de mim." É o "palpiteiro". Isso dificulta relacionamento.

Essa área refere-se também àquilo que inconscientemente escondemos de nós mesmos, mas que faz parte de nossa personalidade e é comunicado aos outros através de nossas atitudes.

ÁREA OCULTA

Pessoas que estão nessa área são aquelas que querem saber como são vistas, coletam informações, pois recebem *feedback*, mas na realidade não colaboram no mesmo sentido, pois não dão *feedback*.

Essa área representa os aspectos que a pessoa conhece, mas consciente e deliberadamente esconde dos outros por motivos diversos, como insegurança, medo, *status*, medo da reação, dentre outras. Indivíduos nessa área geralmente se comportam de forma defensiva.

ÁREA DESCONHECIDA

Essa é a área desconhecida pela própria pessoa e pelos outros, escondendo potencialidade e talentos do indivíduo, como se fosse um isolamento do mundo ao redor, mas participando deste mundo.

Mas Por que a Denominação Janela?

As áreas acima não são fixas, há mobilidade entre elas, ou seja, quanto maior for sua abertura para dar e receber *feedback*, maior será o seu nível de consciência e contribuição para relacionamentos maduros, harmônicos e duradouros, situação propícia ao desenvolvimento.

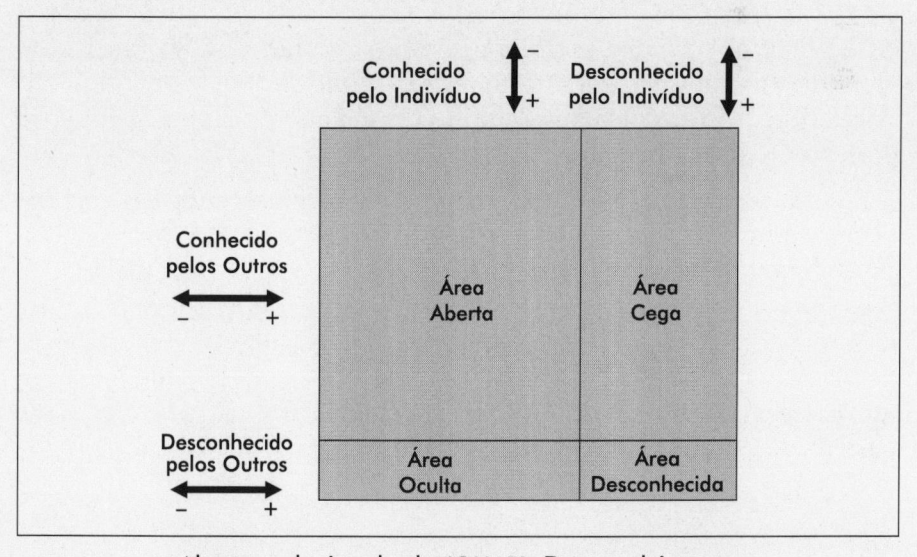

Abertura da Janela de JOHARI: Desenvolvimento

A Cultura do *Feedback*

Implantar a cultura do *feedback* é essencial para a sobrevivência de uma empresa, mas isso não significa ter um clima "meloso".

Muitos profissionais, principalmente de áreas exatas ou focados em resultados, consideram esse negócio de RH e *feedback* uma "frescura". Claro que eles não estão certos, pois isso é um extremo, e não é recomendado nem um extremo, nem o outro.

A cultura do *feedback* na empresa não significa tratar os colaboradores de "amorzinho" ou tantos outros "...inhos", nem tão pouco ser desrespeitoso. O "*Feedback* para Resultados" requer uma postura madura, tanto de quem dá, quanto de quem recebe o *feedback*. Se for o *feedback* corretivo, principalmente quem recebe, precisa ter claro que o que está sendo falado é uma informação e vê-la como uma informação. Isso deve acontecer mesmo diante de um deslize de seu interlocutor, pois sua situação não é fácil e nem tão pouco agradável e, em função das exigências do dia-a-dia, estresse e tudo mais, é comum que ele cometa equívocos.

Os colaboradores precisam ter a consciência de que o motivo deles estarem ali é para alcançarem os objetivos organizacionais e eles precisam fazer isso.

Quando encontramos uma pessoa com a janela da área cega ou a oculta mais aberta, por exemplo, certamente um simples processo de aprendizado, mesmo sem ser um *feedback* pode-se tornar uma situação de conflito de resistência, insegurança de não querer enxergar. Falo isso por experiência própria.

A cada *feedback* dado ou recebido, vamos amadurecendo e percebendo a melhor forma de executar e, sem levar em um sentido de imposição, é fundamental lembrar que na organização existe uma hierarquia. Isso implica dizer que, antes do fato de você ser o superior de seu liderado, existe algo acima de você, que não é o seu chefe, diretor, superintendente ou acionista: é a Visão da empresa e estratégia que precisam ser veementemente cumpridas. Somente assim construímos o "*Feedback* para Resultados".

Capítulo 5 — Como Receber *Feedback*

Não é apenas um subordinado que recebe *feedback*. Se você é um Gestor e quer apenas dar *feedback* e não receber, você estará fechando sua Área Aberta da Janela de Johari e abrindo a Área Cega. Lembre-se disso.

Receber *feedback* quando é positivo é muito bom, dá energia, estímulo. É colocado combustível para fazer que o motor da motivação dentro de nós continue funcionando.

Já o *feedback* corretivo deve ser visto como uma oportunidade de desenvolvimento. Claro que é uma situação não muito agradável, afinal, algo saiu fora do previsto, do desejado, mas é uma oportunidade para que você mostre que é capaz de fazer aquilo, sentindo-se desafiado e estimulado.

Essa é a cultura a ser instalada na empresa e, por falar em cultura, é importante lembrar que cultura não se instala ou muda da noite para o dia ou com uma carta do presidente. Seria muito fácil e, convenhamos, resolveria muitos dos problemas que temos. Como temos que viver o mundo da realidade, a cultura do *feedback* deve ser implantada de forma gradativa, com muito preparo e apoio do RH aos colaboradores e, principalmente, aos Gestores da empresa. É de fato um desafio.

Seguem algumas dicas sobre o receber *feedback* que devem ser seguidas por toda a organização.

Ouça Atentamente sem Fazer Interrupções, Principalmente para se Justificar

Como já discutimos anteriormente, ouvir não é uma tarefa muito fácil, pois geralmente quando estamos ouvindo, involuntariamente, começamos a preparar a nossa réplica, ou seja, começamos a formular o que iremos falar em seguida. Se ao dar o *feedback* devemos tomar cuidado com essa situação, ao recebê-lo, esse cuidado precisa ser multiplicado por dez!

Ouça! Lembre-se da definição de comportamento, por mais que você possa não concordar ou supor que seu interlocutor esteja equivocado. Ouça e lembre que comportamento é o conjunto de reações que pode ser observada em um indivíduo, logo, não é aquilo que você faz ou como você acredita fazer, mas é como os outros vêem aquilo que você faz.

Mas você pode não concordar! Tudo bem, esse é o segundo ponto. Primeiro ouça coletando os pontos que serão apresentados a você para que depois você possa até abrir uma "reflexão" com seu interlocutor. Note que citei reflexão e não discussão.

Ouça sem interromper. A interrupção é um sinal de não preparo da pessoa para receber *feedback*. Demonstra ironia ou agressividade pelo tom de voz utilizado para interromper aquele que está com a palavra e, principalmente, inflexibilidade, por estar indisposto a sequer ouvir como o seu interlocutor vê o seu comportamento.

Isso é muito ruim para quem estiver dando o *feedback*, além de aumentar consideravelmente as chances de o *feedback* sofrer a estranha mutação de *feedback* corretivo para negativo e fazer alguns consideráveis estragos no clima organizacional.

Infelizmente, já passei (e certamente você também) por situações onde era bruscamente interrompido a cada palavra que tentava falar ao dar um *feedback*. Eu aguardava e tentava iniciar o processo e novamente era interrompido. Novamente, eu aguardava e tentava falar, mas cada tentativa era em vão, pois sempre era interrompido. Não há como negar que isso gera tensão, afinal, como expressei no último parágrafo do capítulo anterior, sem levar em um sentido de imposição, na organização existe uma hierarquia, onde, antes do fato de você ser o superior de seu liderado, existe algo acima de você, que não é o seu chefe, diretor, superintendente ou acionista: é a Visão da empresa e estratégia que precisam ser veementemente cumpridas, em prol de ter o "*Feedback* para Resultados". Tais interrupções fizeram com que eu falasse de forma firme. Algumas vezes, quem recebia o *feedback* compreendia e amadurecia com aquela situação, outras vezes isso não ocorria, afetando o clima e até gerando problemas para os objetivos organizacionais.

A inflexibilidade acontece por não querer enxergar ou não querer sequer tentar enxergar de forma diferente, agindo como se fosse dono da verdade com postura "é isso e pronto. Já disse que não pode ser de outra forma e não adianta insistir".

Lembre-se que Comportamento é a Percepção das Outras Pessoas

Comportamento é o conjunto de reações que podem ser observadas em um indivíduo, logo não é aquilo que você faz ou como você acredita fazer, mas é como os outros vêem aquilo que você faz. Isso é importante para estar aberto ao *feeedback*.

Se não Concordar, não Discuta, Reflita. Tenha Empatia e Procure Enxergar os Detalhes, Além do Óbvio

Ao receber um *feedback* talvez você não concorde com as colocações de seu interlocutor, ou, mais especificamente, com a informação que ele está passando para você.

Nesse caso, após a conclusão de seu interlocutor, afinal você não deve interrompê-lo, antes de qualquer coisa faça um exercício de empatia, tentando enxergar seu ponto de vista. Existirá um silêncio nesse momento. Não se preocupe com esse silêncio, pois ele é o pano de fundo para você procurar enxergar detalhes além do óbvio, como discutido no processo de dar *feedback*.

Pode ser que apenas com esse exercício você comece a enxergar como a outra pessoa viu o seu conjunto das suas reações. Porém, se mesmo assim você ainda não concordar, não abra uma discussão com quem está dando o *feedback*, abra uma reflexão.

O primeiro passo é você repetir o *feedback* recebido e, no ponto que não concordar, interrompa, faça a sua colocação em formato de pergunta e busque a resposta em conjunto com seu interlocutor. Para isso dar certo, é fundamental ter postura humilde, não arrogante e cuidado com a linguagem não-verbal, incluindo o tom de voz.

Vamos retomar o exemplo do *feedback* corretivo recebido por um colaborador apresentado no capítulo anterior, considerando que ele não concorda com esse *feedback*, por faltar uma informação. Em vez de abrir uma discussão, utilizou a técnica da reflexão.

Gestor: *Fulano, tenho acompanhado e observado sua evolução nas questões de execução das suas atividades, fazendo que você consiga cumprir e entregar seus trabalhos nos prazos estabelecidos. Isso tem-nos ajudado muito, pois nosso setor gera algumas informações para a controladoria e agora estamos realmente atendendo às expectativas de nossa direção referente aos prazos. Isso é bom para todo setor, inclusive para você. Estou satisfeito com essa evolução e registro meus parabéns a você por essa sua capacidade de mudança.*

Colaborador: *Obrigado, Chefe.*

Gestor: *Precisamos continuar nessa evolução e o assunto é o relatório que você preparou e me entregou essa manhã, referente à análise de custos e que será utilizado na reunião da direção.*

Colaborador: *Pois não!*

Gestor: *O relatório precisa contemplar algumas contas que são básicas na administração, como o aluguel mensal e a energia elétrica. A falta de atenção a esses detalhes prejudica muito a imagem do nosso setor junto à direção da empresa e também ao consultor externo que participará da reunião. Precisamos ter atenção aos detalhes.*

Colaborador: *O relatório está incompleto, faltando contas básicas como aluguel e energia* (silêncio). *Mas, em função da nova distribuição dos centros de custo onde instalamos os medidores por área de produção, não seria o motivo aceitável que essas informações não estejam nesse relatório, pois estão no custo da unidade de negócio?*

Gestor: *Ah... Parece que sim, mas e o aluguel?*

Colaborador: *Esse relatório analisa a empresa X do nosso grupo e o aluguel quem paga é a empresa Y. Isso que justifica a apuração da conta mensal de investimentos relatada aqui* (apontando para uma área da planilha).

Gestor: *Ok! Mas poderíamos deixar isso claro no relatório?*

Colaborador: *Sem dúvidas. Vou providenciar uma área de notas para essas explicações.*

Gestor: *Perfeito, assim não corremos o risco de arranhar nossa imagem junto à direção e à consultoria externa, mostrando a eles que estamos atento aos detalhes. Obrigado!*

Capítulo 5 – Como Receber Feedback

Se a pessoa que estivesse recebendo o *feedback* acima partisse para a interrupção ou usasse um tom irônico, certamente o resultado seria ruim, pois criaria uma situação de conflito.

DÊ ABERTURA PARA QUE AS PESSOAS POSSAM CHEGAR ATÉ VOCÊ

Recebemos *feedback* não apenas de nossos superiores, mas também de todos que nos rodeiam, nossos pares, subordinados, clientes e fornecedores, internos e externos. Para isso, tenha postura aberta para receber *feedback*, seja atencioso com as pessoas em seu dia-a-dia, ouça e busque aprender, não seja "carrancudo". Agindo dessa forma, quando alguém precisar dar um *feedback*, se sentirá mais à vontade para se aproximar de você.

PROCURE ALTERNATIVAS DE CONDUTA: PLANEJE E DEPOIS AJA

Para o *feedback* recebido, você deve apresentar as soluções para a resolução do problema. Procure alternativas de conduta. Mas não saia agindo. Antes reflita e planeje suas ações. Isso trará resultados muito mais eficientes.

SE NÃO ESTIVER CLARO, PERGUNTE. NÃO FIQUE NA DÚVIDA, MAS NÃO SE JUSTIFIQUE

Caso você não tenha compreendido a mensagem transmitida, não fique com dúvida. Pergunte para deixar claro o que ocorreu. Você precisará mudar o comportamento do *feedback* recebido, logo não fique com dúvidas.

CONCLUA FAZENDO UM RESUMO DO FOCO DO FEEDBACK RECEBIDO PARA ASSEGURAR QUE FOI CORRETAMENTE COMPREENDIDO

Para certificar sua compreensão, ao terminar de receber o *feedback*, faça um resumo passando pelos principais pontos relatados e focando o comportamento a ser trabalhado.

OUÇA, AGRADEÇA E REFLITA

Ao receber um *feedback*, ouça realmente. Agradeça a informação recebida e reflita o que você pode fazer para alterar a situação.

Com essas atitudes, você estará aumentando sua Área Aberta da Janela de Johari gerando amadurecimento e cultivando um ambiente para o desenvolvimento.

Capítulo 6
O *Feedback* como Devolutiva de uma Avaliação

Após um processo de avaliação seja 90°, 180°, 360° ou de Múltiplas Fontes é preciso dar o *feedback* ao avaliado.

Quero apresentar os modelos de relatórios que venho utilizando em minhas consultorias e o que o software que desenvolvi e utilizo gera, o GCA – Gestão de Competências AncoraRh, com a explicação da estratégia de interpretação.

Claro que o tipo de relatório precisa ser analisado em coerência com o método de mapeamento adotado, que, nesse caso, é a Metodologia do Inventário Comportamental para Mapeamento de Competências. Apresento um resumo no Anexo I deste livro e que está publicado em meu primeiro livro *Aplicação Prática de Gestão de Pessoas com Foco em Competências* por esta mesma editora, a Qualitymark.

Gráfico Individual de Competências

Apesar de ser similar ao que encontramos nos softwares e metodologias tradicionais, este relatório, na realidade, **não pode ser utilizado para dar o *feedback*.** Sua finalidade é ser um instrumento para compreender cenário.

Ao dar o *feedback* sobre uma avaliação, precisamos perceber o contexto em que o colaborador que receberá o *feedback* está inserido e envolvido. Isso é o que significa compreender cenário, ou seja, ter uma percepção macro de tudo o que está ao seu redor.

Observe o relatório na página seguinte.

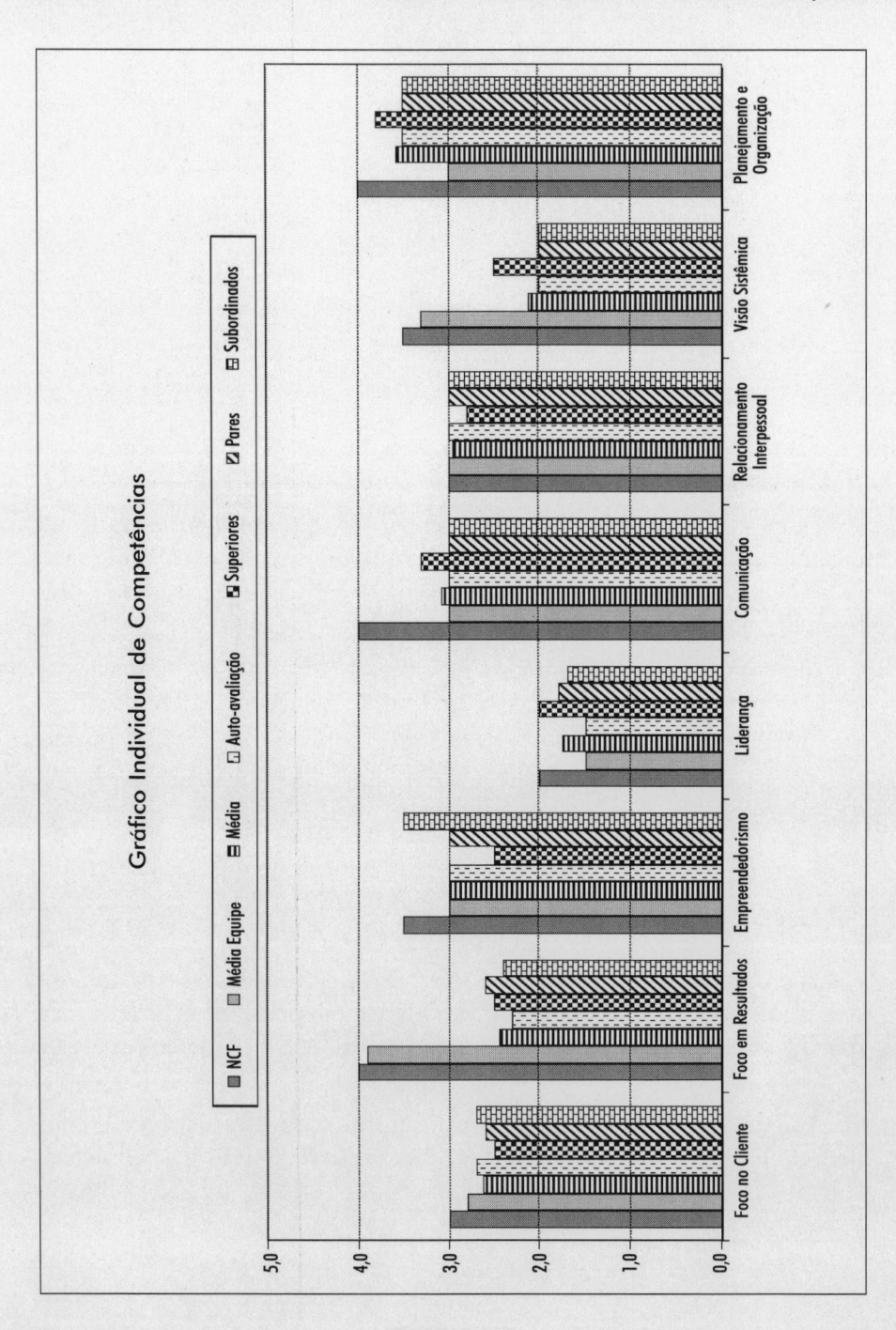

Gráfico Individual de Competências

Compreendendo-o, temos a seguinte definição:

- A primeira barra traz o NCF, ou seja, o nível de competências de que a função precisa. Em outras palavras, o perfil da "cadeira vazia".
- A segunda coluna traz a Média da Equipe, ou seja, na competência, qual a média de todos os colaboradores da mesma função do colaborador avaliado.
- Já a terceira coluna apresenta a média de todos aqueles que avaliaram o Colaborador, incluindo auto-avaliação, superiores, pares e subordinados. No exemplo, não ocorreu a avaliação dos clientes e fornecedores internos, mas se houvesse, elas também estariam constituindo a média.
- As demais colunas apresentam a percepção de cada grupo de avaliadores, na seqüência, da auto-avaliação, depois média dos superiores (pode haver mais de um superior), a média dos pares (pode haver mais de um par) e a média dos subordinados (também pode haver mais de um subordinado avaliando o Colaborador).

O objetivo de compreender cenário engloba:

1. Procurar por situação homogênea.
2. Procurar por grandes distorções.
3. Observar tendências da auto-avaliação.
4. Observar tendências da avaliação direta do superior.
5. Observar tendências da avaliação do superior em relação aos demais Colaboradores que avaliou na relação com o subordinado.
6. Observar tendências dos demais grupos de avaliadores, mas principalmente subordinados e pares.
7. Perceber como o avaliado está envolvido e como é visto no meio por cada grupo.
8. Comparar o avaliado em relação à função e à média das pessoas da mesma função.

Tudo isso sem fazer julgamento, pois não estamos julgando ninguém. Foram os avaliadores que expressaram a forma que vêem o avaliado e, nesse momento, estamos apenas interpretando essas visões através da compreensão do cenário.

Vamos estudar cada uma das etapas acima.

PROCURAR POR SITUAÇÃO HOMOGÊNEA

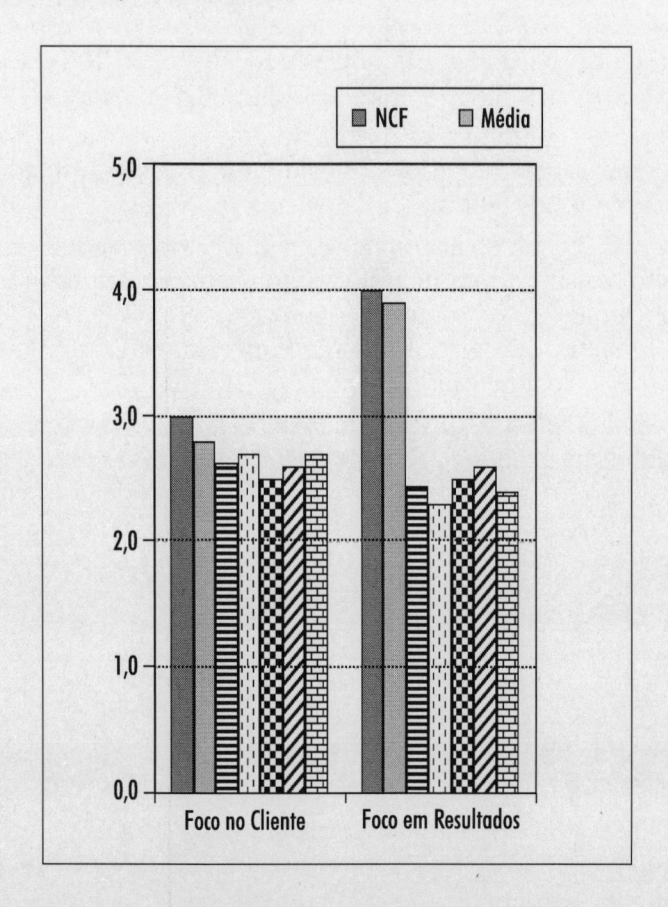

[Gráfico de barras comparando NCF e Média para as competências "Foco no Cliente" e "Foco em Resultados"]

Quanto mais homogênea forem as respostas dos grupos, maior é o nível de coesão, ou seja, a constatação do fato. A figura tem um contorno do nível da competência apresentados pelos grupos e estão relativamente próximos, ou seja, não há grandes distorções. Esse é o cenário mais interessante para ser trabalhado, pois o relatório retrata algo claramente observado por todos.

Note que a segunda competência, foco em resultados, tem um grande *gap*, mas a homogeneidade que buscamos observar não entra o Nível de Competência que a Função pede nem a Média dos Colaboradores na mesma função. Para registro, *gap* é a constatação do quanto o colaborador precisa desenvolver-se na competência.

Procurar por Grandes Distorções

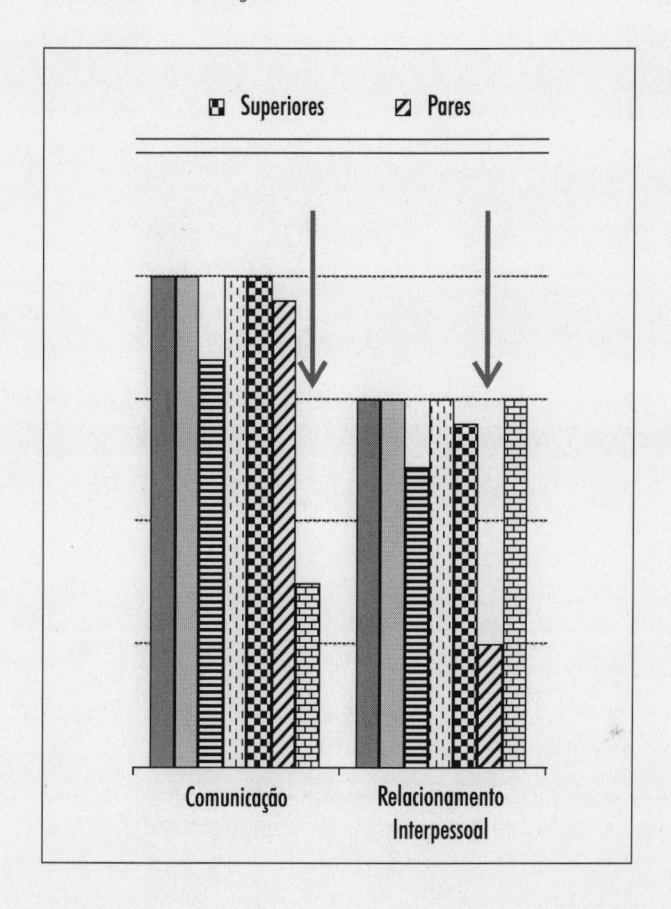

[Gráfico de barras comparando Superiores e Pares nas competências Comunicação e Relacionamento Interpessoal]

As distorções indicam que existe um problema localizado na competência em questão. Na figura acima, a percepção da auto-avaliação, dos superiores e dos pares na competência comunicação é praticamente a mesma, ficando claro que o problema em comunicação é quando o avaliado se relaciona com seus subordinados. Já na competência Relacionamento Interpessoal, o problema é com os pares.

Essa interpretação faz parte do processo de compreender cenário e não de dar o *feedback*, porém, com essa análise, temos a visão de que será necessário dar um *feedback* pontual sobre a percepção desses grupos, cada um com a respectiva competência. Chegaremos lá nos próximos relatórios.

Observar Tendências da Auto-avaliação

Nas avaliações de modo geral temos dois extremos quando analisamos a posição de uma auto-avaliação. A primeira e mais comum é ter uma super avaliação (exemplo da figura na página seguinte), ou seja, o colaborador se considera praticamente perfeito nas competências, é o chamado "estrela".

O oposto é o colaborador que passa por um momento de baixa auto-estima, fazendo uma subavaliação de suas competências.

Observar Tendências da Avaliação Direta do Superior

Observar Tendências da Avaliação do Superior em Relação aos Demais Colaboradores que Avaliou na Relação com o Subordinado

É importante observar como está a avaliação do superior em relação aos demais grupos. Se estiver acompanhando os demais grupos, significa que a percepção tende a uma coesão. Mas se a avaliação do superior estiver tendenciosa para mais ou para menos, é preciso ficar atento no processo de compreensão do cenário.

Se um superior avaliou abaixo dos demais grupos, como é o caso da figura da página 98, pode ser que esse superior seja exigente ou que esteja querendo prejudicar o avaliado.

Para saber se ele é exigente ou não, uma forma é buscar outros colaboradores que foram avaliados pelo mesmo superior. Se ficar constatado o mesmo critério, é sinal do chefe exigente, mas, se nas demais avaliações ele estiver mais benevolente, é preciso ficar atento para identificar se o problema é pessoal com o colaborador avaliado.

Por outro lado, se a avaliação do superior estiver acima dos demais avaliadores, o problema é que ou o superior não está enxergando questões claras, que todos enxergam, ou está tentando proteger o avaliado, ou ainda tem o estilo de deixar "correr solto", o que não é conveniente para um Gestor. Mais uma vez, a solução é recorrer às demais avaliações desse superior para comparação e identificação do critério do avaliador.

É estranha a colocação, mas a Avaliação é um instrumento de avaliar como o Avaliador está avaliando sua equipe. Nesse caso, constatados problemas, o *feedback* deve ser dado ao superior.

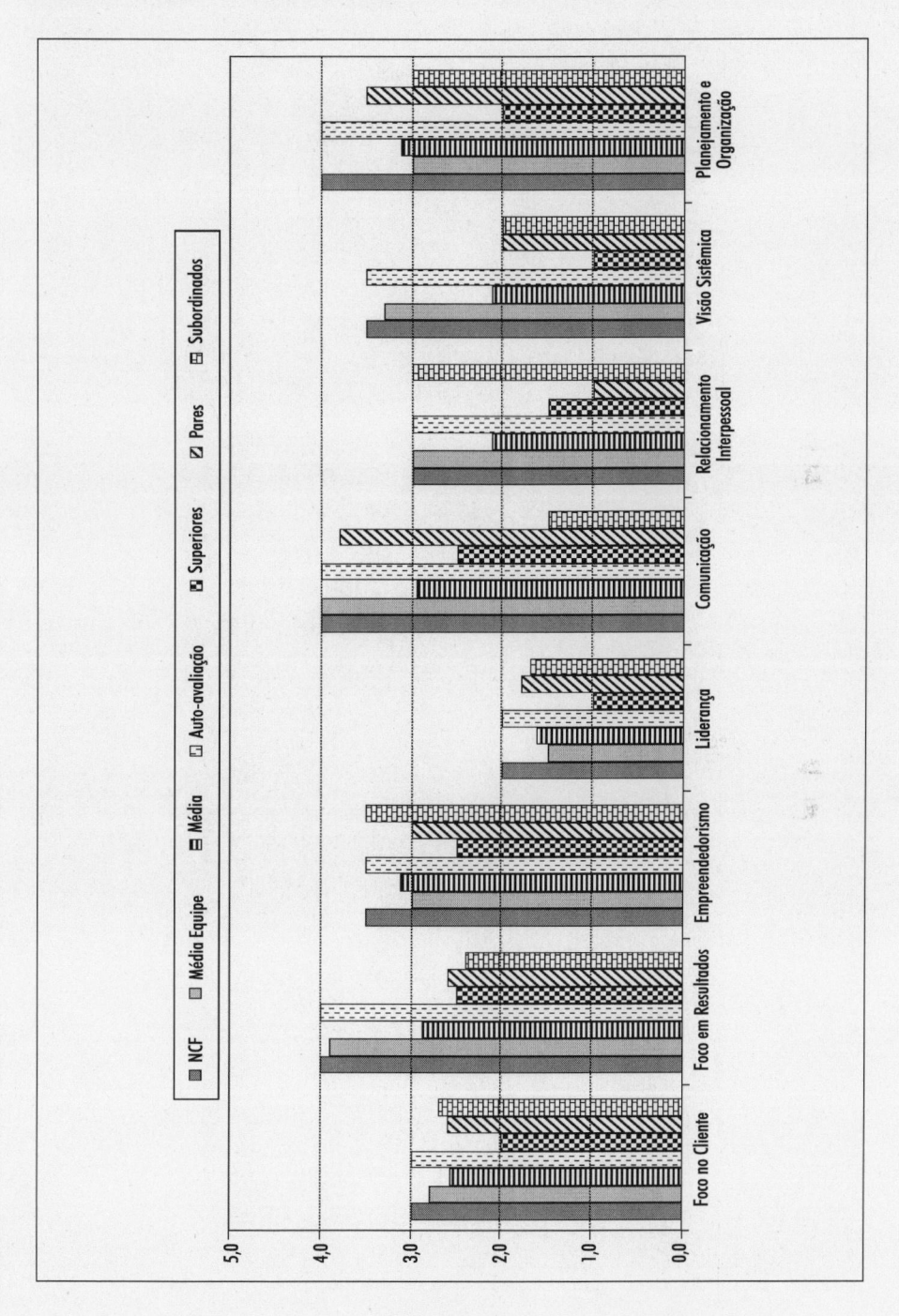

Capítulo 6 – O *Feedback* como Devolutiva de uma Avaliação

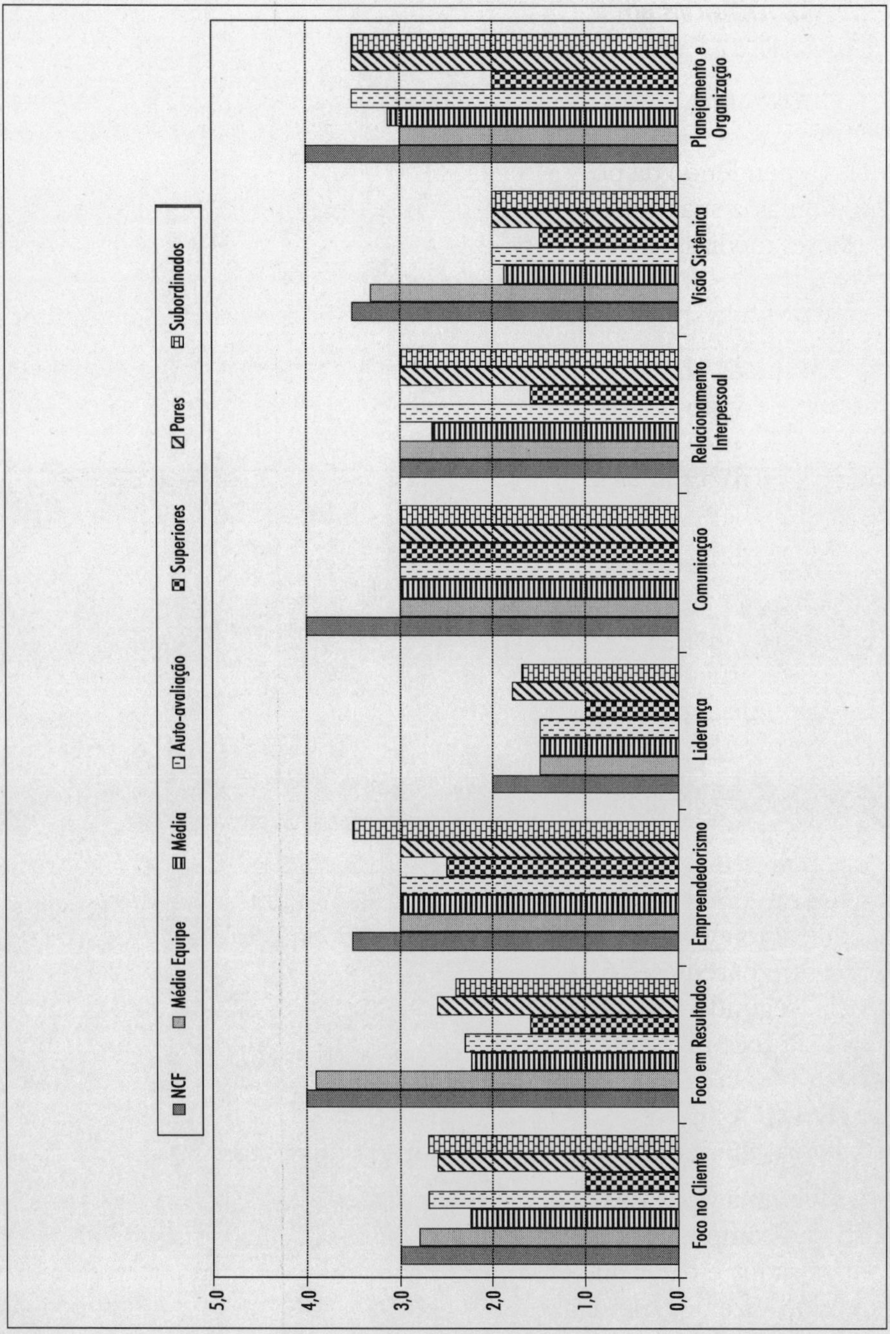
NCF
Média Equipe
Média
Auto-avaliação
Superiores
Pares
Subordinados
5,0
4,0
3,0
2,0
1,0
0,0
Foco no Cliente
Foco em Resultados
Empreendedorismo
Liderança
Comunicação
Relacionamento Interpessoal
Visão Sistêmica
Planejamento e Organização

Observar Tendências dos Demais Grupos de Avaliadores, mas Principalmente dos Subordinados e Pares

Outra característica importante a ser considerada é a identificação de como o colaborador é visto de forma geral pelos pares e seus subordinados. Dependendo da posição na organização, temos neste item a base de problemas e suas soluções, a serem vistos nos relatórios de maiores e menores médias, que serão apresentados.

Perceber como o Avaliado Está Envolvido e como é Visto no Meio por Cada Grupo

Em linhas gerais, é interessante visualizar como o avaliado está envolvido e é visto com os demais grupos de avaliadores.

Comparar o Avaliado em Relação à Função e à Média das Pessoas da Mesma Função

Por fim, deve ser analisado o colaborador em relação à exigência da função para perceber o tamanho do *gap*. É interessante também, nesse ponto, fazer a análise dele em relação à média da equipe. Isso permite, com as futuras reaplicações das avaliações, traçar tendências e perceber o potencial do colaborador em relação à sua equipe.

Prioridade de Treinamento

Analisando a avaliação (tabela da página seguinte), cada coluna traz o nível de competência do colaborador segundo seu grupo de avaliados, média, auto-avaliação, superiores, pares e subordinados. O número que está entre parênteses é, na realidade, o *gap* do Colaborador na competência, segundo a percepção do grupo avaliador. Por exemplo, na competência Foco no Cliente, o exigido pela função é 3,0 e, segundo o superior, o Colaborador possui nível 2,0. Calculando o *gap* que é o Nível exigido da função menos o que o Colaborador oferece, temos o *gap* de 1,0 nessa competência na visão do superior do avaliado.

Mais uma vez, esse relatório não serve para dar *feedback*, mas para auxiliar na compreensão do cenário, afinal, de nada adianta virar para o Colaborador e dizer que ele possui um *gap* de 1,0 ponto, segundo seu superior. Veremos como fazer mais adiante.

	NCF	Média Equipe	Média		Auto-avaliação		Superiores		Pares		Subordinados	
Foco no Cliente	3,0	2,8	2,5	(0,5)	2,8	(0,2)	2,0	(1,0)	2,6	(0,4)	2,7	(0,3)
Foco em Resultados	4,0	3,9	2,7	(1,3)	3,3	(0,7)	2,5	(1,5)	2,6	(1,4)	2,4	(1,6)
Empreendedorismo	3,5	3,0	3,0	(0,5)	3,0	(0,5)	2,5	(1,0)	3,0	(0,5)	3,5	(0,0)
Liderança	2,0	1,5	1,6	(0,4)	2,0	(0,0)	1,0	(1,0)	1,8	(0,2)	1,7	(0,3)
Comunicação	4,0	4,0	2,9	(1,1)	3,8	(0,2)	2,5	(1,5)	3,8	(0,2)	1,5	(2,5)
Relacionamento Interpessoal	3,0	3,0	2,1	(0,9)	3,0	(0,0)	1,5	(1,5)	1,0	(2,0)	3,0	(0,0)
Visão Sistêmica	3,5	3,3	2,0	(1,5)	3,2	(0,3)	1,0	(2,5)	2,0	(1,5)	2,0	(1,5)
Planejamento e Organização	4,0	3,0	2,9	(1,1)	3,0	(1,0)	2,0	(2,0)	3,5	(0,5)	3,0	(1,0)

Retomando a identificação da prioridade de treinamento, se colocarmos os números que estão entre parênteses em ordem decrescente, encontraremos as prioridades de treinamento segundo a percepção de cada grupo.

Note que no exemplo abaixo a competência salta de posição conforme seu posicionamento no *ranking*, dado pelo número ao lado.

Média	
Visão Sistêmica	1
Foco em Resultados	2
Comunicação	3
Planejamento e Organização	3
Relacionamento Interpessoal	4
Foco no Cliente	5
Empreendedorismo	5
Liderança	6

Auto-avaliação	
Planejamento e Organização	1
Foco em Resultados	2
Empreendedorismo	3
Visão Sistêmica	4
Foco no Cliente	5
Comunicação	5
Liderança	6
Relacionamento Interpessoal	6

Superiores	
Visão Sistêmica	1
Planejamento e Organização	2
Foco em Resultados	3
Comunicação	3
Relacionamento Interpessoal	3
Foco no Cliente	4
Empreendedorismo	4
Liderança	4

Pares	
Relacionamento Interpessoal	1
Visão Sistêmica	2
Foco em Resultados	3
Empreendedorismo	4
Planejamento e Organização	4
Foco no Cliente	5
Liderança	6
Comunicação	6

Subordinados	
Comunicação	1
Foco em Resultados	2
Visão Sistêmica	3
Planejamento e Organização	4
Foco no Cliente	5
Liderança	5
Empreendedorismo	6
Relacionamento Interpessoal	6

A tabela abaixo tem a mesma informação da tabela acima, porém mantém fixos os títulos da competência, trazendo apenas a posição do *ranking*.

	Média	Auto-avaliação	Superiores	Pares	Subor-dinados
Foco no Cliente	5	5	4	5	5
Foco em Resultados	2	2	3	3	2
Empreendedorismo	5	3	4	4	6
Liderança	6	6	4	6	5
Comunicação	3	5	3	6	1
Relacionamento Interpessoal	4	6	3	1	6
Visão Sistêmica	1	4	1	2	3
Planejamento e Organização	3	1	2	4	4

Quanto menor o número, mais prioritária é a necessidade de treinamento.

Vale voltar a reafirmar que até este momento não temos ferramentas para dar o *feedback*, pois estamos compreendendo cenário. Nesse contexto, procuramos por uma uniformidade nos posicionamentos do *ranking*, como acontece na competência Foco no Cliente (5, 5, 4, 5, 5) indicando que estão próximas e confirmando a posição; o mesmo ocorrendo em Foco em Resultados (2, 2, 3, 3, 2).

Já a competência Relacionamento Interpessoal traz um problema localizado identificado pelas posições 4, 6, 3, 1, 6. O problema é a posição 1 no grupo pares. Isso é um sinal que teremos que orientar esse Colaborador em algumas questões sobre essa competência com relação a esse grupo. Essa decisão é estratégica para o ambiente de trabalho.

Competências Essenciais e Prioridade de Treinamento

O leitor deve ter percebido que nos exemplos acima três competências estavam sempre em negrito: Foco no Cliente, Foco em Resultados e Empreendedorismo. O motivo é que essas são as competências Essenciais e Diferencias da empresa analisada. Para relembrar o significado das competências essenciais e diferencias, trago a seguinte definição:

- **Diferenciais**: devem ser identificadas na missão da empresa e estabelecem a vantagem competitiva da empresa.
- **Essenciais**: são as mais importantes para o sucesso do negócio e, portanto, devem ser percebidas pelo cliente.
- **Básicas**: são as necessárias para manter a organização funcionando.

Partindo do princípio que uma vantagem competitiva também é visualizada pelo cliente, as competências diferenciais e essenciais são estratégicas e de fundamental importância para a empresa.

Isso significa que são prioritárias em treinamento sobre qualquer outra, afinal, eu não posso permitir que haja um *gap* de treinamento nas competências essenciais, pois isso é percebido pelo cliente. Não seria lógico e estratégico.

	Média	Auto-avaliação	Superiores	Pares	Subor-dinados
Foco no Cliente	5	5	4	5	5
Foco em Resultados	2	2	3	3	2
Empreendedorismo	5	3	4	4	6
Liderança	6	6	4	6	5
Comunicação	3	5	3	6	1
Relacionamento Interpessoal	4	6	3	1	6
Visão Sistêmica	1	4	1	2	3
Planejamento e Organização	3	1	2	4	4

Retomando o quadro da prioridade de treinamento, considerando a posição apresentada pela média, se existir *gap* nas competências essenciais, ele deve ser eliminado.

No exemplo, as competências Essenciais e Diferenciais estão destacadas em negrito.

Como o primeiro movimento na determinação de um plano de treinamento, a primeira competência a atacar seria Foco em Resultados seguido de Foco no Cliente e Empreendedorismo, mesmo havendo outras numericamente mais prioritárias.

Mesmo assim, ainda não temos, exatamente, o que treinar ou dar *feedback*, o que será apresentado pelos próximos relatórios.

Relatório das Menores e das Maiores Médias

Feedback é uma informação precisa. Portanto, não basta dizer ao colaborador que ele tem um *gap* em Foco em Resultados de 1,3 pontos, por exemplo; é preciso dar a informação precisa para que ele possa saber exatamente o que isso significa.

Outra questão no *feedback* como Devolutiva de uma Avaliação é que o instrumento talvez tenha avaliado 50 ou 100 indicadores e o fato é que há inúmeros comportamentos que não estão alinhados. Como estudamos no Capítulo 2, fazer o consenso da avaliação até pode ser ideal, mas não há como isso ser feito item a item.

Se apenas 50% dos itens precisarem de consenso, essa operação levaria muito tempo para ser realizada.

O Gestor não tem tempo para isso. A empresa não pode despender esse tempo. A velocidade que precisamos colocar em nossas empresas não nos dá esse tempo, logo, precisamos mais uma vez olhar para os instrumentos de mensuração e aplicá-los de forma coerente com a realidade da empresa e de maneira prática.

A Solução

Vejamos os ingredientes para a construção da solução proposta:

- Não conseguimos mudar ao mesmo tempo vários comportamentos de uma pessoa.
- Se adotarmos apenas três comportamentos a serem trabalhos, desde que sejam estratégicos, temos um bom começo.
- Geralmente, a avaliação é uma vez por ano e o Gestor precisa fazer o acompanhamento de seus liderados durante todo o período.
- Temos vários comportamentos a serem trabalhados, identificados pela avaliação.
- Temos aqueles que são prioritários para o negócio, vindo das competências essenciais.
- Temos a visão obtida pela compreensão do cenário, se há problemas localizados com algum grupo de alguma competência.

Resolução

Olho para o relatório das Menores Médias obtidas na avaliação. Um relatório que relata para cada grupo de avaliador (média, auto-avaliação, superior, subordinado, pares, clientes e fornecedores internos). As informações contidas nesse relatório são as informações precisas de que precisamos para dar o *feedback*.

O relatório a seguir é um fragmento das 17 menores médias de um avaliado. Destaque apenas de dois grupos: a média e os pares.

Grupo: Média Geral dos Avaliadores	Competência	Média
Dá feedback aos demais Colaboradores sobre as falhas cometidas por eles em outros processos?	**Foco em Resultados**	2,64
Promove integração entre os departamentos	Liderança	2,82
Organiza seu tempo de forma a não deixar atividades pendentes?	Planejamento/Organização	3,00
Organiza-se de acordo com as prioridades?	Planejamento/Organização	3,00
Concilia suas prioridades com as dos outros colaboradores?	Planejamento/Organização	3,00
Planeja as ações necessárias para o alcance dos objetivos?	Planejamento/Organização	3,09
Pensa em resultados em curto, médio e longo prazos?	Planejamento/Organização	3,09
Comunica com clareza aos seus subordinados as estratégias e as decisões da empresa?	Liderança	3,18
Dá retorno rápido aos clientes?	**Foco no Cliente**	3,27
É ágil no suporte ao cliente?	**Foco no Cliente**	3,27
É comprometido com as suas tarefas, cumprindo os prazos estabelecidos?	Comprometimento	3,27
Treina e desenvolve sua equipe?	Liderança	3,27
Organiza-se para assumir as responsabilidades e as tarefas que lhe foram delegadas?	Planejamento/Organização	3,27
Expõe os problemas e tenta resolvê-los junto com a equipe?	Relacionamento Interpessoal	3,27
Fornece com rapidez as informações necessárias para o desenvolvimento do trabalho dos outros colegas?	**Foco em Resultados**	3,36
Dá o feedback necessário para motivar os seus subordinados?	Liderança	3,36
Comunica as partes envolvidas sobre o que foi decidido?	Comunicação	3,36

Grupo: Pares

	Competência	Média
Possui equilíbrio emocional, não manifestando seus sentimentos de maneiras exageradas?	Relacionamento Interpessoal	1,00
Acredita no potencial dos seus subordinados?	Liderança	2,00
Promove integração entre os departamentos?	Liderança	3,00
Comunica com clareza aos seus subordinados as estratégias e as decisões da empresa?	Liderança	3,00
Ouve com atenção quando outro Colaborador fala?	Comunicação	3,00
Demonstra segurança na tomada de decisão?	Comunicação	3,00
Pensa em resultados no curto, médio e longo prazos?	Planejamento/Organização	3,00
Dá retorno rápido aos clientes?	**Foco no Cliente**	3,50
Busca a melhoria contínua na execução das suas atividades?	**Foco em Resultados**	3,50
É comprometido com as suas tarefas, cumprindo os prazos estabelecidos?	Comprometimento	3,50
Suas atitudes condizem com o que fala?	Liderança	3,50
Apresenta capacidade para "vender sua idéia" e conseguir o apoio e o envolvimento de outros Colaboradores de maneira espontânea?	Liderança	3,50
Expõe suas idéias de maneira clara e objetiva?	Comunicação	3,50
É claro ao explicar uma nova atividade ou tirar dúvidas?	Comunicação	3,50
Planeja as ações necessárias para o alcance dos objetivos?	Planejamento/Organização	3,50
Organiza seu tempo de forma a não deixar atividades pendentes?	Planejamento/Organização	3,50
Organiza-se de acordo com as prioridades?	Planejamento/Organização	3,50

A lista anterior apresenta as menores médias, mas também deve ser utilizado o relatório das **Maiores Médias**, com o objetivo de salientar os aspectos positivos e abrir o *feedback*.

Com a análise da prioridade de treinamento, e comparando com as mesmas médias, identificamos os comportamentos das competências essenciais e das competências com problemas localizados, como as grandes distorções. No exemplo utilizado, tínhamos o caso do relacionamento interpessoal no grupo pares.

Como não adianta trabalhar vários comportamentos simultaneamente com o Colaborador, com base nos dados acima escolho de três a cinco comportamentos a serem trabalhados. Devem-se considerar as competências essenciais e os problemas localizados, pois eles podem ser estratégicos.

Por exemplo:

Segundo a Média Geral	
Dá *feedback* aos demais Colaboradores sobre as falhas cometidas por eles em outros processos?	**Foco em Resultados**
Dá retorno rápido aos clientes?	**Foco no Cliente**
É ágil no suporte ao cliente?	**Foco no Cliente**
Fornece com rapidez as informações necessárias para o desenvolvimento do trabalho dos outros colegas?	**Foco em Resultados**
Segundo os Pares	
Dá retorno rápido aos clientes?	**Foco no Cliente**
Busca a melhoria contínua na execução das suas atividades?	**Foco em Resultados**
Possui equilíbrio emocional, não manifestando seus sentimentos de maneiras exageradas?	**Relacionamento Interpessoal**

Da visão comum entre os grupos e a estratégia, a decisão final fica sendo trabalhar os indicadores listados a seguir.

Competência	Indicador	Prioridade de Ação
Foco em Resultados	Dá *feedback* aos demais Colaboradores sobre as falhas cometidas por eles em outros processos?	1
Foco no Cliente	Dá retorno rápido aos clientes?	1
Foco no Cliente	É ágil no suporte ao cliente?	2
Foco em Resultados	Fornece com rapidez as informações necessárias para o desenvolvimento do trabalho dos outros colegas?	3
Relacionamento Interpessoal	Possui equilíbrio emocional, não manifestando seus sentimentos de maneiras exageradas?	1

EM OUTRAS PALAVRAS

O *feedback* não será sobre todos os itens que foram avaliados. Estará concentrado nesses cinco itens e com base neles deve ser montado um plano de ação a ser trabalhado pelo Colaborador com o acompanhamento do Gestor.

O que está com prioridade 1 são os comportamentos que deverão ser trabalhados simultânea e imediatamente. Assim que o primeiro comportamento tiver evolução e tiver sido cumprido seu plano de ação, entra o indicador de prioridade 2.

Dessa forma, o Colaborador estará sempre trabalhando cerca de três comportamentos simultaneamente e, a cada término de um plano de ação, novamente entra o próximo da lista. Dependendo da evolução, no decorrer do ano e antes da próxima avaliação, o Gestor voltará a recorrer aos relatórios de avaliação para escolher novos comportamentos a serem trabalhados.

Assim, não tomamos tempo do Gestor nem do Colaborador, não se focando na burocracia de dar *feedback* sobre todos os comportamentos. Isso não levaria a nada. Focamos em ações para ter um *"Feedback* para Resultados".

Unindo essa técnica ao *feedback* positivo que já discutimos nos capítulos anteriores, geramos condições para a evolução de todo o processo de desenvolvimento e necessário para que a organização se torne cada vez mais competitiva e consiga atingir seus objetivos organizacionais.

Feedback é o instrumento para desenvolver as competências comportamentais. Investir em treinamentos comportamentais e não acompanhar a evolução do colaborador pelo *feedback* é desperdiçar tempo e dinheiro. Essa não é uma atitude estratégica de um RH que tem obrigação de ser estratégico.

Anexo I — O Inventário Comportamental para Mapeamento de Competências

Este é um resumo da Metodologia do Inventário Comportamental para Mapeamento de Competências. Essa metodologia permite a identificação das competências comportamentais necessárias para que a empresa possa agir alinhada à Missão, à Visão e aos Valores através da condução de uma atividade onde os próprios colaboradores identificam as competências da organização, de forma simples, rápida e participativa.

Faço o convite àqueles que se identificarem com o resumo desta Metodologia para lerem meu primeiro livro, *Aplicação Prática de Gestão de Pessoas*, publicado por esta mesma editora.

As competências identificadas servem como base e sustentação para todo o processo de Gestão por Competências de forma sólida, pois trabalham com a redução da subjetividade e têm comprovação matemática.

Características do Inventário Comportamental

- *É baseado no conceito de Indicadores de Competências*, o que não requer que os Colaboradores tenham conhecimentos teóricos sobre competências.
- *Utiliza os recursos da própria empresa*, pois a implantação pode ser realizada pelo próprio RH das empresas e o levantamento dos indicadores é realizado diretamente com os Colaboradores, o que valoriza o papel de cada um na organização e caracteriza o processo por um método Construtivo e Participativo.
- *Comprovado matematicamente:* o **Inventário Comportamental** possui respaldo matemático para cálculo do NFC – Nível de Competên-

cias da Função, do NCC – Nível de Competências do Colaborador e do NCE – Nível de Competências do Entrevistado (candidato), eliminando a subjetividade do processo tradicional de mapeamento de Competências. De acordo com pesquisas na literatura, o *Inventário Comportamental* é a única metodologia comprovada matematicamente.

- Redução do tempo de Mapeamento e Avaliação das Competências Comportamentais, o que significa redução de custos no processo de mapeamento, permitindo que sejam transferidos os recursos de investimentos do mapeamento e avaliação para o treinamento e desenvolvimento dos Colaboradores.

- Aumento da assertividade, pois trabalha com indicadores construídos pela própria organização.

- Avaliações com Foco em Competências Comportamentais construídas de forma precisa e objetiva, aumentando a eficiência do processo.

- Implantação rápida, simples e com linguagem acessível, para que todos da organização entendam.

- Identificação das questões a serem aplicadas na Avaliação com Foco em Competências, da Auto-avaliação até a 360°.

- Base consistente para desenvolver os Colaboradores de forma objetiva e precisa.

- Base para elaborar as questões a serem aplicadas na Entrevista Comportamental para Seleção por Competências.

- Aplicável em empresas de qualquer porte, segmento ou número de Colaboradores.

A Metodologia

A metodologia tradicional de mapeamento de competências gera, logo de início, uma grande dificuldade para os Colaboradores, pois ela exige que eles falem em competências como: flexibilidade, criatividade, foco em resultado, visão sistêmica etc.

Essa não é a linguagem do dia-a-dia da organização e oferece uma grande dificuldade para a compreensão e a implantação da Gestão por Competências.

A proposta do Inventário Comportamental é trabalhar com os Indicadores de Competências Comportamentais, que são os comportamentos que podem ser observados nas pessoas.

As pessoas apresentam a todo momento indicadores de competências comportamentais por meio de seus comportamentos diários. É fato também que nem sempre esses comportamentos são adequados, sendo que alguns precisam ser melhorados, outros desenvolvidos e outros até "implantados", por ainda não terem esses comportamentos.

O papel do Inventário Comportamental é identificar quais são esses comportamentos, os bons, os ruins e que precisam ser "implantados/desenvolvidos" nos Colaboradores.

O desafio é falar em competências sem usar a linguagem das competências e, principalmente, extrair dos Colaboradores esses indicadores. Eles têm a resposta precisa para a solução desse impasse, pois, melhor do que ninguém, eles vivem a realidade da empresa diariamente.

E o que pode ser mais real e consistente que um Comportamento que pode ser observado, para definir um Indicador de Competência Comportamental?

Assim, o Inventário Comportamental traz a definição de que o "Comportamento observável é o Indicador de Competência Comportamental".

Definição do Inventário Comportamental:

O Inventário Comportamental para Mapeamento de Competências é uma Lista de Indicadores de Competências que traduz a conduta do Comportamento Ideal desejado e necessário para que a Organização possa agir alinhada à Missão, à Visão, aos Valores e à Estratégia da Organização.

A Construção do Inventário Comportamental

Vamos partir do princípio de que todo o processo de sensibilização da organização para a implantação de Gestão por Competências tenha sido executado.

O primeiro objetivo é encontrarmos as competências organizacionais. Existem muitas formas de fazer referência às competências de uma empresa, como competências essenciais, diferenciais, *core competence*, competências do negócio etc. O objetivo nesse momento é encontrar todas as competências necessárias para a organização, independente de serem essenciais ou qualquer qualificação que possa ser dada.

Geralmente uma empresa deve ter de 8 a 15 competências (incluindo-se todas as competências). Mais do que isso é inviável de ser trabalhado. Algumas metodologias, profissionais ou empresas dizem que conduzem processos com mais de 30 competências. Isso não é prático e é subjetivo, pois chega um momento em que fica difícil de dizer qual a diferença entre trabalho em equipe e cooperativismo, por exemplo.

Como mencionado anteriormente, não iremos trabalhar com os títulos da competência, pois essa não é nossa linguagem do dia-a-dia. Costumo usar o seguinte exemplo para ilustrar essa afirmação: quando passa uma pessoa por nós, não dizemos ou pensamos: "Nossa, que pessoa com Foco em Resultados!", mas somos capazes de observar os comportamentos que essa pessoa tem que nos levam à conclusão de que ela tem a competência Foco em Resultados.

Portanto, para alcançar o primeiro objetivo, a identificação das competências organizacionais, vamos escolher uma amostra de Colaboradores de todas as funções, desde a mais simples até o diretor ou o presidente da empresa, dependendo da estrutura organizacional.

Por exemplo, se uma função possuir 30 Colaboradores, escolha de 6 a 8 colaboradores dessa função. Caso haja uma função exercida por 2 ou 3 colaboradores, podem ser escolhidos todos eles.

Não existe um percentual exato para se escolher, apenas saiba que quanto maior o número de Colaboradores na mesma função, percentualmente esse número é menor. O importante é ter "colaboradores-representantes" de cada uma das funções da organização.

Esses Colaboradores serão colocados em uma sala (pode haver diversas turmas, de acordo com a capacidade da sala). Deve ser feita uma categórica exposição e sensibilização da Missão, Visão, Valores da empresa, da responsabilidade e parcela de contribuição de cada Colaborador, do papel do Gestor na condução das pessoas para os objetivos organizacionais e explicação do que é Gestão por Competências e de como ela contribui para esses objetivos.

Anexo I – O Inventário Comportamental para Mapeamento de Competências

Após essa sensibilização, é dada a notícia de que os colaboradores presentes ajudarão na construção da Gestão por Competências, por meio de uma atividade de observação chamada "Gosto/Não Gosto/O Ideal Seria".

Após toda a explicação do processo, será entregue uma folha com três colunas. As colunas terão os títulos "Gosto", "Não Gosto" e "O Ideal Seria", respectivamente.

Gosto	Não Gosto	O Ideal Seria

Os Colaboradores serão orientados a pensarem em cada pessoa com as quais ele se relaciona na organização: subordinados, superiores ou pares, clientes ou fornecedores internos. Ao pensar na primeira pessoa, o Colaborador deve anotar na coluna "Gosto" os comportamentos dessa pessoa que são admirados por ele e que contribuem para a organização.

Dessa mesma pessoa, porém na coluna "Não Gosto", devem ser registrados os comportamentos que o colaborador julgue não adequados, e na última coluna, "O Ideal Seria", os comportamentos que precisam ser "desenvolvidos" nesse Colaborador para que a organização atinja o MVVE – Missão, Visão, Valores e Estratégia da Empresa.

As colunas "Gosto" e "Não Gosto" traduzem os comportamentos que serão transformados em competências do hoje, enquanto a coluna "O Ideal Seria" traduz os comportamentos necessários para que a empresa possa atingir o amanhã, dado pela Visão.

Orientações para a Aplicação do "Gosto/Não Gosto/O Ideal Seria"

- Sensibilizar e destacar MVVE – Missão, Visão, Valores e Estratégia da Empresa.
- Não há limites de comportamentos a serem registrados.

- Cada Colaborador recebe uma única folha de Coleta.
- A reflexão deve ser feita sobre todas as pessoas com as quais o Colaborador se relaciona, registrando todas as frases na mesma folha.
- Não identificar quem está respondendo e de quem é o comportamento.
- Não é necessário escrever novamente um comportamento caso já esteja relacionado.

A contribuição dos Colaboradores termina aqui. Temos em mãos diversas folhas com todos os indicadores de comportamento que a organização, precisa segundo a visão da própria organização, desde a função mais simples até a visão de futuro, representada nos indicadores gerados pelos gerentes, diretores, presidentes.

Diferentemente da metodologia tradicional, que parte da análise do Colaborador com *Top Performance* (melhor desempenho), o Inventário Comportamental consegue atingir **todos** os Colaboradores por meio do registro das observações dos Colaboradores participantes da coleta, pois mesmo que um Colaborador não esteja ali, certamente ele foi observado. Além disso, a estrita observação do Colaborador de *Top Performance* pode não traduzir o perfil ideal para o amanhã, dada pela Visão da empresa.

Assim, pela atividade da coleta temos os indicadores bons (coluna "Gosto"), os ruins (coluna "Não Gosto") e os que precisam ser "implantados/desenvolvidos" (coluna "O Ideal Seria"). Por exemplo:

Gosto	Não Gosto	O Ideal Seria
• Soluciona de forma rápida os problemas do cliente.	• Não é cortês com os colegas de trabalho.	• Fosse objetivo ao expor suas idéias.
• Traz soluções criativas para os problemas que parecem difíceis de resolver. ...	• Não sabe ouvir os *feedbacks*. ...	• Confraternizasse os resultados obtidos. ...

O próximo passo é consolidar esses indicadores, transformando-os:

- No infinitivo.
- No sentido ideal para a organização.
- De forma afirmativa.
- Eliminando os duplicados ou de mesmo sentido.

Assim, de acordo com o exemplo acima, temos os seguintes indicadores consolidados:

- Solucionar de forma rápida os problemas do cliente.
- Trazer soluções criativas para os problemas que parecem difíceis de resolver.
- Ser cortês com os colegas de trabalho.
- Saber ouvir os *feedbacks*.
- Ser objetivo ao expor suas idéias.
- Confraternizar os resultados obtidos.

Esses são os comportamentos que a organização precisa e que deve buscar em seus Colaboradores. Agora, utilizando uma lista de competências, como as disponíveis na literatura, basta associar cada indicador a uma competência.

No exemplo, teríamos:

Indicador de Comportamento Apurado	Competência Associada
Solucionar de forma rápida os problemas do cliente.	Foco no Cliente
Trazer soluções criativas para os problemas que parecem difíceis de resolver.	Criatividade
Ser cortês com os colegas de trabalho.	Relacionamento Interpessoal
Saber ouvir os *feedbacks*.	Relacionamento Interpessoal
Ser objetivo ao expor suas idéias.	Comunicação
Confraternizar os resultados obtidos.	Liderança

...e assim para cada indicador apurado.

O resultado dessa apuração será uma lista de Competências e cada uma com uma quantidade diferente de indicadores, por exemplo:

Competência	Total de Indicadores Apurados
Liderança	8
Foco em Resultados	12
Criatividade	7
Foco no Cliente	4
Proatividade	9
Empreendedorismo	4
Organização	5
Comunicação	8

Competências Organizacionais

As competências encontradas a partir da consolidação do "Gosto/Não Gosto/O Ideal Seria" são as **Competências Organizacionais**, que foram visualizadas naturalmente, diferentemente da metodologia tradicional, que tem uma linha de dedução, portanto subjetiva.

Após essa consolidação, um comitê estratégico deve fazer a validação dos indicadores e, por conseqüência, das competências.

A metodologia do Inventário Comportamental não exige que cada competência tenha aquela frase tradicional com um significado do que é a competência para a empresa, pois temos algo muito mais preciso do que a frase, que são os indicadores de comportamento.

Se você desejar utilizar aquela frase, basta fazer sua composição, tendo como base os indicadores que traduzem o que significa a competência para a empresa.

Conforme a figura utilizada a seguir que expressa a amplitude do conceito da Competência, com o Inventário Comportamental, temos a identificação precisa de qual o significado da competência para a Organização (a parte mais clara do círculo), a partir dos seus indicadores, que são, de fato, os comportamentos necessários para que a empresa possa cumprir sua Missão e Visão.

Anexo I – O Inventário Comportamental para Mapeamento de Competências

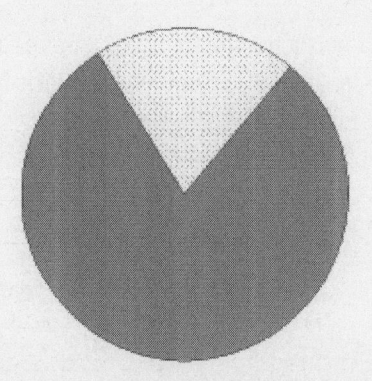

O Inventário Comportamental visualiza o significado
da Competência para a empresa

Início do Processo Matemático

Como cada competência possui uma quantidade de indicadores, o peso de cada indicador pode ser calculado de acordo com a fórmula:

$$\text{Peso Indicador} = \frac{\text{Nível Máximo da Escala}}{\text{Quantidade de Indicadores da Competência}}$$

Onde o Nível Máximo da Escala é fixo de acordo com a escala utilizada. Por exemplo, em uma escala de 0 a 5, o Nível Máximo será sempre 5.

Assim, na Competência Liderança do exemplo acima, como ela possui 8 indicadores, cada indicador vale 0,625, enquanto na competência Organização, que tem 5 indicadores, cada um deles vale 1 ponto.

Competências de Cada Função

O próximo passo é identificar o "quanto" dessas Competências cada função precisa. São as Competências da Função.

Para cada função deve ser gerada uma lista com todos os indicadores apurados, sem mencionar as competências, apenas os indicadores. Essa lista é entregue para o superior da função que, juntamente com um representante da função, irão determinar a necessidade desses comportamentos para a função, classificando-os como: "Muito Forte", "Forte", "Normal", "Não se aplica". É a construção do Perfil Comportamental ideal para a função. Veja o exemplo:

Planilha de Mapeamento de Comportamentos Função:				
Comportamento	Muito Forte	Forte	Normal	Não se Aplica
Criar estratégias que conquistem o cliente.	X			
Trazer idéias para desenvolver os produtos já existentes.				X
Trazer soluções criativas para os problemas que parecem difíceis de resolver.		X		
Apresentar alternativas para melhor aproveitar os recursos orçamentários.			X	
...	...	...	...	...

Os comportamentos classificados como "Normal" e "Não se Aplica" serão desprezados. Outras funções poderão utilizá-lo. Assim, aqueles marcados como "Muito Forte" e "Forte" são os comportamentos necessários para a função. Para cada competência aplica-se a fórmula do **NCF – Nível de Competência para Função**.

$$NCF = \frac{\text{Nível Máximo da Escala}}{\text{Quantidade de Indicadores da Competência}} \times \text{Quantidade de Indicadores Marcados como "Muito Forte" ou "Forte" para a função}$$

Por exemplo, considerando-se a competência Liderança com 8 indicadores e que, para uma determinada função, 4 desses indicadores tenham sido marcados como "Muito Forte" ou "Forte", aplicando-se a fórmula do NCF, temos:

$$NCF = \frac{5}{8} \times 4 = 2,5$$

Ou seja, a função em questão precisará de Liderança nível 2,5.

Esse nível é importante, pois será a representação gráfica que faremos da necessidade da competência para a função. Mas o Inventário Comportamental oferece mais do que isso, traduzindo o que esses 2,5 representam, que são os *indicadores marcados como "Muito Forte" ou "Forte"*.

São esses indicadores (comportamentos) que os Colaboradores desta função precisam ter.

Competências de Cada Colaborador

Para determinar o **NCC – Nível de Competência do Colaborador**, aplica-se a Avaliação Comportamental com Foco em Competências, que pode ser desde a Auto-avaliação, 90°, 180° ou 360°.

Novamente o Inventário Comportamental é utilizado, pois basta transformar os indicadores apurados nas perguntas da avaliação, tabulando a resposta em uma escala com a qual o avaliador analisa a freqüência com a qual o avaliado apresenta cada um dos comportamentos.

Veja o exemplo:

Avaliação Comportamental						
Avaliado: Avaliador:	Todas as Vezes (100%)	Muitas Vezes (80%)	Com Freqüência (60%)	Poucas Vezes (40%)	Raramente (20%)	Nunca (0%)
Cria estratégias que conquistem o cliente?						
Traz idéias para desenvolver os produtos já existentes?						
Traz soluções criativas para os problemas que parecem difíceis de resolver?						
Traz soluções quando faltam recursos para um projeto?						
...	...	...	...	...	...	...

O cálculo do NCC deve ser feito para cada competência. O exemplo abaixo utiliza uma competência com 8 indicadores, sendo que indicadores sinalizados com um asterisco são os indicadores necessários para a função que o suposto avaliado exerce, ou seja, que foram marcados como "Muito Forte" ou "Forte".

Opções →	Todas as Vezes	Muitas Vezes	Com Freqüência	Poucas Vezes	Raramente	Nunca
Pontos Equivalentes →	5	4	3	2	1	0
Indicador 1	X					
Indicador 2		X				
Indicador 3 *		X				
Indicador 4 *			X			
Indicador 5				X		
Indicador 6 *		X				
Indicador 7			X			
Indicador 8 *			X			

* Indicadores necessários para a função.

Considerando-se os indicadores 3, 4, 6 e 8 como necessários para a função, aplicando-se a fórmula do NCF, encontramos que essa função precisa de nível 2,5, conforme exemplo já apresentado.

O NCC tem duas variações e respectivas fórmulas, que são apresentadas seguidas de sua resolução utilizando as respostas da tabela acima:

NCCo = Nível de Competências do Colaborador em relação à Organização

$$NCCo = \frac{\text{Soma dos pontos da Avaliação de todos os indicadores}}{\text{Quantidade de Indicadores da Competência}}$$

$$NCCo = \frac{28}{8}$$

NCCo = 3,5

NCCf = Nível de Competências do Colaborador em relação à Função

$$\text{NCCf} = \frac{\text{Soma dos pontos da Avaliação somente dos indicadores necessários para a função}}{\text{Quantidade de Indicadores da Competência}}$$

$$\text{NCCf} = \frac{14}{8}$$

NCCf = 1,75

Portanto, temos:

$$\text{NCF} = 2,5$$
$$\text{NCCo} = 3,5$$
$$\text{NCCf} = 1,75$$
$$\textit{Gap} \text{ em relação ao NCCf} = 0,75$$

O NCCf demonstra um *gap* na função que o Colaborador exerce, ou seja, se comportamentalmente ele atende às exigências da função.

O NCCo demonstra o nível de competência do Colaborador em relação à organização; é tudo o que o Colaborador tem daquela competência. Isso permite constatar se o Colaborador é um talento ou, ainda, se ele pode ser aproveitado em outra função, pois muitas vezes encontramos o colaborador com um alto potencial em uma competência, porém com um *gap* dessa mesma competência em relação à função que exerce.

Mas o mais importante não é dizer que o *gap* do Colaborador é de 0,75, e sim ter a identificação dos indicadores em que ele foi pior avaliado e, sobre eles, fazer efetivamente o *"Feedback* para Resultados" e traçar o plano de treinamento e desenvolvimento específico, o que irá reduzir seu *gap* e aumentar seu potencial, permitindo que a organização trabalhe com a visão de futuro da avaliação, que é desenvolver o Colaborador.

Anexo II — Conceito de Complexidade

(Resumo extraído do livro *Avaliação de Desempenho com Foco em Competências* de Rogerio Leme, com complemento de informações)

A complexidade de uma função pode ser identificada na Descrição da Função, no item "Atribuições e Responsabilidades". Porém, a forma como ela é feita tradicionalmente, provavelmente não atende ao nível estratégico necessário para se obter um resultado coerente com a importância dessa perspectiva.

Normalmente, as descrições das funções possuem um título parecido com "Responsabilidades", "Atribuições", "Tarefas" ou "Atividades". Algumas possuem, além de "descrição das tarefas", o tópico "atribuições e responsabilidades" também. Esta, que possui esses dois itens, provavelmente está mais próxima de atender às necessidades da Perspectiva Complexidade.

Tarefa ou Atividade não indicam a amplitude da responsabilidade da função. Elas indicam a rotina diária, semanal, mensal, anual ou eventual da realização de uma atividade. Enquanto isso, as Atribuições e as Responsabilidades indicam o grau de conseqüência da realização de suas tarefas ou atividades.

A diferença básica é essa. É preciso separar o que é rotina do que é a responsabilidade, pois uma rotina pode ser difícil de ser executada, mas não necessariamente ter uma conseqüência expressiva para a organização, ou seja, que ela tenha o sentido da complexidade.

Se a sua descrição tiver apenas a descrição das atividades, será preciso uma reflexão para identificar se o item que estiver registrado trata-se de uma "tarefa ou atividade" ou de uma "responsabilidade". É muito comum isso acontecer, até mesmo que sua descrição não contemple a escrita da responsabilidade no contexto da complexidade.

Isso não isenta uma verificação caso a sua descrição tenha o título responsabilidade, porque o conteúdo pode não estar adequado ao contexto do que significa a complexidade. Os itens listados podem estar expressando uma tarefa ou ainda podem até estar expressando uma complexidade, mas de forma pobre, justificando a revisão.

Orientações Básicas para a Construção da Descrição da Função Coerente com o Conceito da Perspectiva Complexidade

Não há como eu deixar uma fórmula que possa ser aplicada em todas as situações, por se tratar de um aspecto particular de cada empresa e que deve estar alinhado à sua estratégia. O que farei é apresentar algumas orientações para serem aplicadas, porém a interpretação sobre um mesmo item pode variar de empresa para empresa, em função justamente das particularidades e estratégias.

Para as orientações citadas a seguir, fica convencionado que:

- O termo "Tarefas" tem o mesmo sentido de "Atividades".
- O termo "Responsabilidade" tem o mesmo sentido de "Atribuições".
- O termo "Processo" tem o mesmo sentido de "Procedimento".

1. Separar "Tarefas", "Procedimento" e "Responsabilidades"

O primeiro passo é separar Tarefas de Procedimento e de Responsabilidades. São assuntos totalmente diferentes, inclusive os processos devem estar fora da descrição da função para que ela faça apenas referência ao processo.

Explicação:

Uma Tarefa não indica a amplitude da responsabilidade da função. Ela indica a rotina diária, semanal, mensal, anual ou eventual da realização de uma atividade, do dicionário *"trabalho que se deve concluir em determinado prazo"*.

Responsabilidade indica o grau de conseqüência da realização de suas atividades, do dicionário *"obrigação de responder pelos seus atos ou pelos de outrem"*.

As diferenças entre Tarefa e Responsabilidade já foram discutidas acima, e a apresentação do significado pelo dicionário deve esclarecer eventuais dúvidas que restaram. Vamos concentrar-nos agora no Processo ou Procedimento.

A descrição de tarefas não precisa ser a descrição do procedimento, afinal, é para isso que eles existem. É muito mais fácil revisar um procedimento do que a descrição da função. Alguns exageros ao descrever a descrição da função que são verdadeiros roteiros relatando cada passo do colaborador durante o dia, isso não é descrição de função; é descrição de procedimento.

Um processo ou procedimento pode ser utilizado em comum por mais de uma função, já a descrição da função é única para cada função. Usando o exemplo hospitalar citado para diferenciar cargo de função, temos as funções "Auxiliar de Enfermagem do Pronto-socorro" e "Auxiliar de Enfermagem da UTI". Ambas podem compartilhar do mesmo procedimento caso um paciente tenha um determinado sintoma, mas suas funções são diferentes.

E veja que interessante: o procedimento pode ter uma variação indicando a forma de proceder caso o paciente esteja sob uma determinada medicação, ou se estiver na UTI, ou se estiver no Pronto-socorro etc.

A tarefa deve ser descrita de forma sucinta e deve ser facilmente compreendida. Por exemplo, "cobrar clientes inadimplentes" é o suficiente para a descrição da tarefa. Não está determinado aqui como abordar o cliente, se é um tipo de cliente ou outro; isso faz parte do procedimento. Enfim, a forma apresentada está focada no *"trabalho que se deve concluir em determinado prazo"*.

A responsabilidade é algo maior, que requer do Colaborador ações que tenham impacto efetivo na organização. Vamos apresentar exemplos no próximo item, para poder desenvolver, ao mesmo tempo, um raciocínio de como escrever uma responsabilidade no contexto da Perspectiva Complexidade.

2. Escrever Responsabilidades com o Contexto da Complexidade

Ao escrever a responsabilidade (*"obrigação de responder pelos seus atos ou pelos de outrem"*), é preciso explicitar o quão complexa é essa "obrigação", até onde vai o poder de decisão, a ação e o impacto dos atos.

Isso nos leva a entender que uma responsabilidade também é uma tarefa, ao observarmos a palavra "ato" do significado de responsabilidade. Ato é "aquilo que se fez", oriundo de uma tarefa que foi ou não realizada. O fato é que esta não é uma tarefa comum como as demais; ela tem um impacto significativo na organização.

Conforme podemos observar pela figura abaixo, quanto maior o nível hierárquico da função, menos tarefas e mais responsabilidades ("tarefas complexas" ou "responsabilidade com maior complexidade") ela possui:

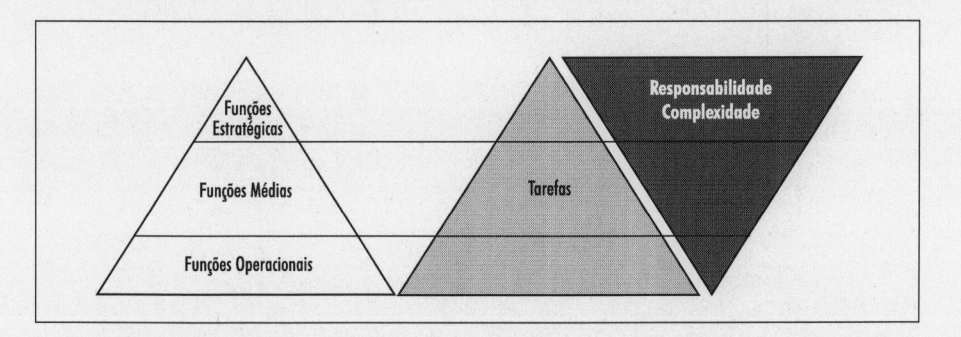

[Figura: pirâmide com Funções Estratégicas, Funções Médias, Funções Operacionais; triângulo Tarefas; triângulo invertido Responsabilidade Complexidade]

"Analisar crédito do cliente" poderia ser, simplesmente, enquadrado em uma tarefa. O que o caracteriza como uma responsabilidade é a abrangência dessa ação, a complexidade da tarefa.

Por isso que, ao contrário da tarefa, para a qual a frase deve ser sucinta, na responsabilidade é importante explicitar quão complexa ela é, até onde vai o poder de decisão, a ação e o impacto dos atos, afinal, responsabilidade é a *"obrigação de responder pelos seus atos ou pelos de outrem"*, logo, é preciso que isso esteja claro.

Vejamos um exemplo de descrição de Responsabilidade:

"Analisar crédito do cliente utilizando os procedimentos adequados, podendo bloquear ou liberar faturamento de clientes B e C, e dos clientes A, enviar relatório de Recomendação para seu superior".

Com a leitura do texto acima, podemos visualizar o nível de complexidade dessa responsabilidade. Vamos fazer uma análise fragmentando da descrição acima.

- *"Analisar crédito do cliente"* é a *"tarefa"* da responsabilidade.
- *"... utilizando os procedimentos adequados..."* é a referência a um procedimento que pode ser alterado em qualquer momento, sem a necessidade de se alterar a descrição da função. Aqui se poderia até ser mais explícito para indicar o nome procedimento, como, por exemplo, "...utilizando o Procedimento de Crédito de Cliente...", mas, no contexto da empresa e da função, isso não foi preciso.
- *"... podendo bloquear ou liberar faturamento..."* expressa o impacto de seus atos.
- *"de clientes B e C, e dos clientes A, e enviar relatório de Recomendação para seu superior"* temos expresso o grau de autonomia de sua responsabilidade.

Uma forma simples de definir a construção de uma responsabilidade é:

"Fazer a descrição de uma tarefa contextualizada, de forma a se poder observar as dimensões de sua complexidade".

Refletindo sobre essa definição, percebemos que "fazer a descrição de uma tarefa contextualizada" significa que a tarefa deve estar expressa, mas não de forma sucinta, pois, se assim estivesse, seria apenas uma tarefa, e não uma responsabilidade.

E "de forma a se observar as dimensões de sua complexidade" significa a contextualização da tarefa, abrangendo as dimensões de sua ação. Alguns exemplos dessas dimensões:

- O impacto dos atos;
- Grau de autonomia;
- Condutas tomadas a partir da informação obtida;
- As decisões e as variáveis que envolvem a atividade;
- O nível de abstração da atividade, ou seja, a necessidade de visualizar conceitos e transformá-los em aplicação prática;
- A pressão do ambiente interno e externo;
- A independência e a interdependência das atividades;
- A "mutação" da atividade, ou seja, atividades que não são rotineiras a cada nova execução, exigindo adaptações estratégicas na conduta.

ROGERIO LEME

Essas dimensões da complexidade são o impacto dos atos, o grau de autonomia e a indicação de procedimentos, e eles podem variar de acordo com a função e estratégia da empresa.

Portanto, fica a dica que, ao iniciar a análise da responsabilidade de uma função, a primeira coisa a ser feita é definir quais as dimensões da complexidade necessárias para a função para que a construção do texto que expressa a responsabilidade possa atender aos requisitos da Perspectiva Complexidade da Avaliação Desempenho com Foco em Competências.

CONCLUSÕES

- Complexidade é o mesmo que Responsabilidade.
- Responsabilidade é uma tarefa, porém, estratégica para a empresa.
- Tarefas não devem ter processos e procedimentos.
- Responsabilidades devem estar contextualizadas de forma a deixar claras as dimensões da responsabilidade.

Anexo III — Definições de Competências e Indicadores

Apesar de ser desfavorável a listas prontas, apresento uma lista de competências, indicadores e perguntas para a Entrevista Comportamental com Foco em Competências. Mas o objetivo dessa lista é de caráter didático e ilustrativo, e insisto em não recomendar, por maior que seja sua vontade ou falta de tempo, utilizar essa lista como as competências e indicadores de sua empresa. Se você utilizá-la não estará fazendo seleção por competências da sua empresa, e sim das competências listadas neste livro.

Cada empresa pode ter definição e entendimento diferentes para o mesmo indicador. Por exemplo, o indicador "Dar retorno ao cliente" pode ser entendido por algumas empresas como Foco no Cliente e para outras empresas como Foco em Resultados. O que caracteriza essa diferenciação é a cultura da empresa e sua Missão, Visão e Valores.

Fiz a opção por uma lista das 14 competências principais que encontramos nas empresas às que aplicamos os processos de gestão por competências. São elas:

- Criatividade.
- Empreendedorismo.
- Visão Sistêmica.
- Negociação.
- Organização e Planejamento.
- Foco em Resultado.
- Foco no Cliente.

- Cultura da Qualidade.
- Liderança.
- Tomada de Decisão.
- Comunicação.
- Trabalho em Equipe.
- Relacionamento Interpessoal.
- Flexibilidade.

Para cada competência utilizamos *exemplos* de indicadores que representam essas competências, de caráter exclusivamente didático. Daí o motivo do alerta e da necessidade de fazer um trabalho personalizado, como detalhado neste livro, pela Metodologia do Inventário Comportamental. E, para evitar um uso indevido dessa lista apresentarei, *no máximo 5 indicadores por competência*. Para algumas competências, apresento um comentário após a definição.

O meu primeiro livro, *Aplicação Prática de Gestão de Pessoas por Competências*, aprofunda os conceitos da metodologia. É uma interessante recomendação de leitura caso o leitor faça a opção por sua aplicação na empresa.

Lista de Competências, Definições e Exemplos de Indicadores

Criatividade

Conceber soluções inovadoras, viáveis e adequadas para solucionar situações de impasse.

Exemplos de Indicadores

- Trazer soluções criativas para os problemas que parecem difíceis de resolver.
- Trazer idéias para desenvolver os produtos/serviços já existentes.
- Apresentar alternativas criativas para melhorar os procedimentos.
- Apresentar idéias de novos produtos/serviços a serem desenvolvidos.
- Trazer soluções criativas quando faltam recursos (financeiros ou não) para um projeto.

Empreendedorismo

Visualizar e colocar em prática soluções e oportunidades de ação visando à competitividade da organização por meio de seus produtos e serviços ou de ações referentes ao ambiente de trabalho e à equipe.

Comentário

Empreender significa deliberar-se a praticar, propor-se, tentar. O empreendedorismo está relacionado a colocar em prática uma solução vinda da competência Criatividade.

Exemplos de Indicadores

- Manter-se atualizado sobre o mercado e assuntos com que a empresa atua.
- Estar atento para oportunidades de mercado, assumindo riscos calculados para manter a empresa competitiva.
- Promover a implantação de soluções que contribuam para melhorias ou mudanças importantes no ambiente de trabalho.
- Buscar por mudanças no ambiente de trabalho ou equipe, não tendo uma visão conformista diante de problemas.

Visão Sistêmica

Ter a visão do processo ou empresa como um todo, a interdependência das áreas ou subsistemas, visualizando os impactos de uma ação.

Exemplos de Indicadores

- Perceber o impacto da atividade que realiza nos processos das demais áreas da empresa.
- Perceber o impacto de uma ação a ser realizada em sua área, em outras áreas e na empresa.
- Ter compreensão dos processos da empresa.
- Visualiza se uma ação está alinhada à Missão e à Visão da empresa.
- Conhecer todas as áreas da empresa para compreender as necessidades dos clientes internos/externos.

Negociação

Conduzir o entendimento entre partes interessadas em um objetivo, promovendo um canal adequado de comunicação entre as partes, de forma equilibrada, ouvindo e escutando efetivamente, com o objetivo de chegar a um acordo comum e que seja interessante para a organização.

Exemplos de Indicadores

- Apresentar argumentações convincentes para defender os interesses da organização.
- Buscar informações da pessoa ou da empresa com a qual irá negociar, para identificar seus interesses.
- Planejar as ações, como alcançar objetivos e alternativas antes de iniciar uma negociação.
- Certificar-se de que a pessoa com quem está negociando compreendeu corretamente sua proposta.

Organização e Planejamento

Ordenar e Planejar ações, ambiente ou equipe de trabalho, priorizando seqüência e forma de execução ou implementação de tarefas ou ações com a finalidade de facilitar e atingir os objetivos propostos.

Exemplos de Indicadores

- Manter o local de trabalho organizado, facilitando a localização de objetos ou documentos.
- Determinar objetivos e metas com prazos possíveis de serem executados.
- Planejar e priorizar a realização das tarefas, utilizando o tempo de forma eficaz.

Foco em Resultado

Estar comprometido com os objetivos da organização, tomando as providências necessárias para que sejam cumpridos no prazo e com as características planejadas.

Exemplos de Indicadores

- Cumprir metas e atividades estabelecidas.
- Realizar as metas e as atividades dentro dos prazos estabelecidos.
- Providenciar as ações necessárias para que as metas e as tarefas sejam cumpridas tendo postura ativa, evitando sua não-realização.
- Executar atividades norteados pelas diretrizes de Missão, Visão e Valores da empresa.

Foco no Cliente

Ter a compreensão de que o cliente é uma das razões do existir da empresa, tomando ações para que seja atendido de forma a promover aproximação entre cliente e empresa, propiciando sua fidelização.

Comentário

Em Gestão por Competências, Foco no Cliente visa o Cliente Externo. Já os comportamentos referentes ao Cliente Interno devem ficar associados à competência Relacionamento Interpessoal ou Trabalho em Equipe.

Exemplos de Indicadores

- Compreender as necessidades do cliente, tomando as ações necessárias para atendê-lo dentro das diretrizes organizacionais.
- Ser cortês com os clientes.
- Realizar atendimento personalizado ao cliente para que se sinta exclusivo.
- Solucionar de forma rápida os problemas do cliente.

Cultura da Qualidade

Zelar pela qualidade dos processos e buscar melhorias contínuas para o aperfeiçoamento de processos, produtos e serviços, otimizando os resultados em prol dos objetivos organizacionais.

Exemplos de Indicadores

- Executar ações e processos de acordo com as normas e os procedimentos da empresa.
- Tomar as providências necessárias para evitar a reincidência de um erro.
- Implementar mudanças em processos ou procedimentos visando à simplificação e à melhoria contínua.
- Manter documentação atualizada de processos.
- Concentrar-se na execução das atividades para evitar erros.

Liderança

Conduzir pessoas e equipes para atingir os objetivos organizacionais, promovendo o desenvolvimento de pessoas, equipes, ambiente e da empresa.

Exemplos de Indicadores

- Promover o desenvolvimento da equipe por meio de ações de capacitação e *feedback*.
- Praticar a descentralização das tarefas preparando as pessoas para assumirem responsabilidades.
- Transmitir os objetivos organizacionais com clareza e objetividade.
- Zelar para que os resultados organizacionais sejam atingidos.
- Transmitir energia e motivação para equipe para superar obstáculos e dificuldades para atingir as metas.

Tomada de Decisão

Identificar e escolher a alternativa mais adequada para a solução de um problema dentro do período ideal da decisão, analisando riscos e oportunidades.

Exemplos de Indicadores

- Buscar informações com equipe, departamentos ou documentos para a tomada de decisão.
- Ter a percepção do tempo ideal da tomada de decisão, não sendo precipitado e não sendo tardio na escolha.
- Analisar os riscos e as oportunidades de todas as alternativas possíveis para a tomada de decisão.
- Ser seguro e firme na decisão tomada, promovendo um clima de confiança.

Comunicação

Estabelecer e utilizar meios para transmitir e receber informações faladas, escritas ou visuais, presenciais ou por meio impresso ou eletrônico, de forma clara e objetiva, garantindo o entendimento entre as partes e facilitando a disseminação e compreensão de objetivos.

Exemplos de Indicadores

- Ser claro e objetivo ao expor suas idéias.
- Dar *feedback* de forma adequada.
- Receber *feedback*, compreendendo a visão dos outros sobre seu comportamento.

- Usar linguagem simples, mesmo em assuntos técnicos, sendo possível a compreensão por todos.
- Redigir textos, cartas ou e-mails com clareza.

Trabalho em Equipe

Trabalhar com os demais membros da sua equipe, tendo atitudes de colaboração para que todos alcancem os objetivos organizacionais, desenvolvendo um ambiente de colaboração mútua.

Exemplos de Indicadores

- Auxiliar os colegas de trabalhos na resolução de problemas.
- Esclarecer as dúvidas de trabalho dos colegas.
- Compartilhar os conhecimentos adquiridos com a equipe.
- Facilitar o acesso às informações para auxiliar os trabalhos dos colegas.

Relacionamento Interpessoal

Interagir com as pessoas de forma empática e respeitosa, mesmo em situações adversas, mantendo um ambiente organizacional agradável e estimulador.

Exemplos de Indicadores

- Ser cortês com os colegas de trabalho.
- Ter equilíbrio emocional em situações adversas, tratando as pessoas de forma respeitosa.
- Tratar as pessoas sem distinção, independente do nível hierárquico.
- Facilitar o diálogo e interação entre as pessoas.
- Respeitar a opinião dos outros.

Flexibilidade

Adaptar-se às mudanças e necessidades emergentes. Rever postura mediante situações e fatos. Rever opinião/conceitos mediante argumentações convincentes.

Exemplos de Indicadores

- Ter postura flexível quando sua idéia não é a que prevalece.
- Aceitar opiniões e sugestões de mudanças que contribuam para a melhoria de produtos, serviços ou processos.

- Ter predisposição para executar tarefas que são solicitadas para a realização de objetivos organizacionais específicos.
- Ser flexível para implantar mudanças necessárias.

Considerações Finais

Feedback é uma palavra simples, mas de uma complexidade e responsabilidade enormes. É uma arte! Espero que este livro tenha contribuído para a transformação do simples *feedback* para um "*Feedback* para Resultados".

Espero, também, que tenha conseguido plantar a semente da necessidade de promover as evoluções dos instrumentos de Gestão de RH que tem evoluído sim, mas que ainda há muito por se fazer.

Fico à disposição do leitor para ouvir seus comentários.

Deixo meus contatos e um até breve, quem sabe em um próximo livro, treinamento ou palestra.

Rogerio Leme
AncoraRh Informática
rogerio@ancorarh.com.br
www.ancorarh.com.br

Leme Consultoria
rogerio@lemeconsultoria.com.br
www.lemeconsultoria.com.br

BIBLIOGRAFIA

ASSIS, Marcelo Tadeu de. *Indicadores de Gestão de Recursos Humanos – Usando indicadores demográficos, financeiros e de processos na gestão do capital humano*. Rio de Janeiro: Qualitymark.

BECKER, Brian E.; HUSELID, Mark A.; Ulrich, Dave. *Gestão Empresarial de Pessoas com "Scorecard" – Interligando pessoas, estratégia e performance*. Rio de Janeiro: Campus.

BENI, Bettyna P. B. Gau; LUCHETI, Wilson David; POERNER, Marcos. *Avaliação dos Resultados em Treinamento Comportamental*. Rio de Janeiro: Qualitymark.

CHIAVENATO, Idalberto. *Gestão de Pessoas – O novo papel dos recursos humanos nas organizações*. Rio de Janeiro: Campus.

CHIAVENATO, Idalberto. *Treinamento e Desenvolvimento de Recursos Humanos*. São Paulo: Atlas.

DUTRA, Joel Souza. *Competências*. São Paulo: Atlas.

DUTRA, Joel Souza. *Gestão por Competências*. Rio de Janeiro: Gente.

FLEURY, Maria Tereza Leme; FISCHER, Rosa Maria. *Cultura e Poder nas Organizações*. 2ª edição. São Paulo: Atlas.

GRAMIGNA, Maria Rita Miranda. *Modelo de Competências e Gestão dos Talentos*. Rio de Janeiro: Makron.

HUNTER, James C. *Como se Tornar um Líder Servidor – Os princípios de liderança de o monge e o executivo*. Rio de Janeiro: Sextante.

KAPLAN, Robert S.; NORTON, David P. *A Estratégia em Ação – Balanced Scorecard*. Rio de Janeiro: Campus.

Le BOTERF, Guy. *Desenvolvendo a Competência dos Profissionais*. Bookman.

LEME, Rogerio. *Aplicação Prática de Gestão de Pessoas por Competências – Mapeamento, treinamento, seleção, avaliação e mensuração de resultados de treinamento*. Rio de Janeiro: Qualitymark.

LEME, Rogerio. *Avaliação de Desempenho com Foco em Competências – A base para remuneração por competências*. Rio de Janeiro: Qualitymark.

LIMA, Marcos Antonio Martins (Org.). *Educação, Competências & Desempenho – Chaves humanas para a auto-sustentabilidade organizacional*. Fortaleza: UFC.

LUZ, Ricardo. *Gestão do Clima Organizacional*. Rio de Janeiro: Qualitymark.

MINOR, Marianne. *Coaching para o Desenvolvimento – Habilidades para gerentes e líderes de equipe*. Rio de Janeiro: Qualitymark.

PONTES, Benedito Rodrigues. *Avaliação de Desempenho: Nova abordagem – Métodos de avaliação individual e de equipes*. São Paulo: LTR Editora.

PORCHÉ, Germaine; NIEDERER, Jed. *Coaching: O Apoio que faz as Pessoas Brilharem – Orientação e treinamento em qualquer situação*. Rio de Janeiro: Campus.

REIS, Germano Glufke. *Avaliação 360 Graus – Um instrumento de desenvolvimento gerencial*. São Paulo: Atlas.

RESENDE, Enio. *Remuneração – Carreira baseada em competências e habilidades*. Rio de Janeiro: Qualitymark.

ROCHA, Eduardo Peixoto. *Feedback 360 – Uma ferramenta para o desenvolvimento pessoal e profissional*. Editora Alínea.

SOUZA, Vera Lúcia *et. al. Gestão de Desempenho*. Rio de Janeiro: FGV.

WILLIANS, Richard L. *Preciso Saber se Estou Indo Bem!*. São Paulo: Sextante, 2003.

Lançamento

Educação e Desempenho Profissional

Autores: Luiz Paulo do Nascimento e Antônio Vieira de Carvalho:
Nº de páginas: 176
Formato: 16 x 23cm

O texto está focado em tecnologia educacional, planejamento de carreira e teorias comportamentais, que se complementam, proporcionando resultados práticos através de ações consistentes e desejadas tanto pelos colaboradores como os gestores. Este livro tem como propósito oferecer aos gestores meios adequados para obter de seus colaboradores melhores desempenho e motivação para que os objetivos organizacionais de crescimento, desenvolvimento e sustentabilidade sejam atingidos.

O conteúdo apresentado neste livro, voltado exclusivamente para os resultados educacionais, planejamento de carreira e do plano de desempenho funcional, dará uma importante contribuição à gestão de recursos humanos em relação à sustentabilidade, aliando a eficiência, que leva ao crescimento profissional, ao compromisso e ações voltadas para o desenvolvimento empresarial e para a preservação dos talentos

Lançamento

Gestão Estratégica de Pessoas

Sistema, Remuneração e Planejamento

Autores: Luiz Paulo
do Nascimento e
Antonio Vieira de Carvalho
Formato: 16 x 23cm
Nº de páginas: 224

A idéia é passar para o leitor uma visão da gestão de pessoas com foco em estratégias que possam ser delineadas, além de proporcionar uma compreensão tática das diferentes ferramentas de recursos humanos. A visão que se procurou transmitir refere-se à de organização de pessoas, ou seja, de uma organização na qual prevalecem o calor humano, os sentimentos, as vontades e o respeito por seus semelhantes, por entendermos que a maioria das pessoas não gosta de receber imposições.

Para atuar num mercado em que a mudança é um fator vital para a sobrevivência do mundo empresarial, faz-se necessária, urgentemente, a implantação de novas ferramentas e novos sistemas para recrutar, selecionar, treinar, determinar salários, avaliar desempenho e coordenar os colaboradores disponíveis. Por essa razão, há a necessidade do planejamento estratégico de RH no contexto de mudanças programadas.

Lançamento

EstRHatégia

Alinhando Cultura Organizacional e Estratégia de RH à Estratégia de Negócios

Autora: Selma Paschini
Formato: 16 x 23cm
Nº de páginas: 232

A obra possui uma linguagem coloquial e pertinente com o contexto e ambiente de negócios no qual a maioria dos profissionais de RH atua. A proposta deste livro é abordar as correlações entre estratégia de negócio, estratégia de RH e Cultura Organizacional e discutir como o alinhamento entre estes três fatores impacta na competitividade da empresa.

Este livro se propõe a discutir sobre Estratégia de Negócios, Cultura Organizacional e Gestão de Recursos Humanos de forma sistêmica, demonstrando que apenas com o alinhamento da Cultura Organizacional e da Estratégia de RH à Estratégia de Negócio, o RH estará agregando valor e competitividade para a empresa.

A autora enriquece a discussão dos conceitos com exemplos e estudos de caso, instrumentaliza o profissional de RH com ferramentas e metodologias, discute temas polêmicos como diversidade e inclusão, resgata a importância da medição no gerenciamento da cultura organizacional e gera reflexões pertinentes e contextualizadas.

Lançamento

Administração de Cargos e Salários
3ª Edição Revista e Atualizada

Manual Prático e Novas Metodologias

Autor: Luiz Paschoal
Formato: 16 x 23cm
Nº de páginas: 288

Esta terceira edição traz um livro totalmente revisado e melhorado a partir das necessidades evidenciadas nos trabalhos de consultoria do autor, que aborda todo o tema da remuneração, em seus aspectos teóricos e práticos, enfocando três grandes áreas: a visão geral da administração da remuneração, os novos caminhos na gestão da remuneração e a estatística aplicada.

Na primeira parte, o leitor é introduzido na questão da remuneração e depois passa a estudar mais a fundo cada um dos seus componentes fundamentais. Na segunda parte aborda, inicialmente, as metodologias que estão se consolidando nas organizações: remuneração variável e remuneração por habilidade e competências. Na seqüência, é apresentada, em detalhes, metodologia desenvolvida pelo autor e que vem sendo aplicada em dezenas de projetos. A terceira parte explica toda a estatística habitualmente empregada na administração da remuneração, em linguagem de usuário para usuário, evitando as complicações da abordagem acadêmico-científica.

QUALITYMARK EDITORA

Entre em sintonia com o mundo

QualityPhone:
0800-0263311

Ligação gratuita

Qualitymark Editora
Rua Teixeira Júnior, 441 – São Cristóvão
20921-405 – Rio de Janeiro – RJ
Tels.: (21) 3295-9800
Fax: (21) 3295-9824
www.qualitymark.com.br
e-mail: quality@qualitymark.com.br

Dados Técnicos:

• Formato:	16x23cm
• Mancha:	12x19cm
• Fontes Títulos:	FuturaMdCn BT
• Fontes Texto:	NewBskvllBT
• Corpo:	11
• Entrelinha:	13,2
• Total de Páginas:	160
• 3ª Reimpressão:	2015